リンゴが教えてくれたこと

木村秋則

JN286587

日経ビジネス人文庫

はじめに

リンゴは古来、農薬で作ると言われるほど病虫害が多く、人々はその戦いに明け暮れてきたと申し上げても過言ではありません。生産者の技術以上に肥料、農薬会社の研究開発が現在のリンゴ産業を支えてきたと思います。

しかし、私は肥料、農薬なしには栽培不可能というリンゴの栽培史に、ようやくピリオドを打つことができました。切り口が酸化せず、糖度が高く、生命力あふれるリンゴが実りました。

脱サラで農業に全く無知だった私が常識外れの「自然栽培」に取り組んだものですから、その被害は甚大で、何年もの無収穫（無収入）時代を経験しました。リンゴが実るまで、自分が歩いている道が良いのか悪いのか、だれに問いかけても答えはなく、参考になる書籍もありませんでした。すべてが失敗から得た知識でやってきました。瀬戸際ばかり歩きました。毎日がドラマ、そして真剣勝負でした。答えのない世界がいっぱいありました。

そして慣行農業から移行後、十一年目に畑全面に咲いてくれた花の美しさは一生忘れることができません。

その間、ずっと耐えてくれたリンゴの木、木を支えてくれた雑草、土、すべての環境に感謝せずにはいられません。はじめは一個でも実らしてちょうだい、とお願いしました。でもどんどん枯れていき、枯れるのがかわいそうで、一個も実らなくていいから枯れないでちょうだい、とリンゴの木に話しかけて歩きました。そして生き残った木が今、こうして実らせてくれたわけです。

リンゴがならない期間があまりにも長かったので、その間、キュウリやナス、大根、キャベツなどの野菜、お米を勉強できました。野菜やお米は今から二十年以上も前に相当の成果を得て、その後様々なノウハウを盛り込み今日に至っています。

リンゴはやはり難しいです。それはリンゴの品種改良があまりに多く行われてきたため、原種から程遠いものになっているからです。リンゴに比べると、同じ無肥料、無農薬でもお米と野菜は意外にスムーズにできました。

私は全国の農家の人にこう言っています。みなさんの体にリンゴ一つ、お米一粒実らすことができますか。人間はどんなに頑張っても、自分ではリンゴの花一つ咲かせられません。米を実らせるのはイネです。リンゴを実らせるのはリンゴの木です。主人公は人間ではなくてリンゴの木やイネです。人間はそのお手伝いをしているだけです。そこを十分わかってください、と。

当時、私は自分がリンゴを作っていると思い上がっていました。失敗に失敗を重ね、この栽培をやって知ったことは、私ができるのはリンゴが育ちやすいような環境づくりのお手伝いをすることぐらいということでした。地球の中では人間も一生物にすぎません。木も動物も花も虫たちも皆兄弟です。互いに生き物として自然の中で共生しているのです。

人間はもっと謙虚であるべきだと思います。人間は自然の支配者ではなく、自然の中に人間がいる、と考えるべきです。

神様が地球のみんなのお願いを聞いてくれるとします。

「家族みんなが、金持ちで幸せに暮らせますように」などと人間は願います。

神様が木や鳥やすべての地球上の生き物の願いを聞きます。

すると何のお願いが一番多いでしょうか。

「人間が地球からいなくなった方がいい」

私は、自然から力を借りて生産をする農業に誇りを持っています。それは無から有を生むからです。これこそが自然と暮らす百姓の醍醐味だと思います。私はこの農業をやって幸せです。以前は農薬が怖くて顔を覆っていたのですから。今は家族で笑いながら作業ができます。農薬や肥料などの不使用は、食の安全のみならず、地球の環境保全にも役立ちます。

この自然栽培を全国の人や海外へ教えようと歩き始めて、もう十七年になります。ようやく、私の考えに賛同くださる生産者があちこちで活動するようになってきました。将来、自然栽培の輪が大きく広がり、各地に自然が戻り、失われつつある昆虫や淡水魚が身近で見られる農村風景が取り戻されることを夢見ています。

最後に日本経済新聞出版社の桜井保幸氏には大変お世話になりました。この場を借りてお礼を申し上げます。

二〇〇九年三月

著　者

文庫化にあたって

映画『奇跡のリンゴ』（二〇一三年六月、東宝系公開）を試写会で見た人は、みな口々に「義理のお父さん（徳一）が木村さんの本当の支え役だったんだねえ」と言います。義父《おやじ》役の山崎努さんが、このバカ婿《むこ》に託していいのかどうか、通帳を見て悩むシーンがあります。郵便局に勤めていた義父が、最後の貯金を下ろす場面です。

義父の後輩である郵便局長は、考え直せとばかり「いいのか？」と止めにかかります。町ではろくでもない婿をもらったというのが通り相場でした。義父は「いいんだ」と答えます。

通帳の残高はゼロに。これがアップになります。

実際の義父は、私の前で一杯飲みながら「これ使え」と、お金を渡しました。おふくろと女房は台所で食器を洗っており、義父と二人だけの会話でした。ふつうなら「こいつは自分のせがれじゃない、悪い婿をもらった」とうらむところです。

義父はラバウルの生き残りです。昔の男はすごいと思いました。正直、義父も不幸だったなと思います。私のことを人に話す時、「うちのお父さんは」と少し他人行儀なところもあったのですが、晩年は将棋仲間や友達に「ノリ（秋則）はよくやってきたよ」と、私が小さい時に呼ばれていた「ノリ」の名前で呼んでくれました。「ノリ、一円もなくても何とか食っていけるよ」とニコニコして言うのです。これほどいい義父は、もういません。

リンゴがなってから亡くなってくれたのがせめてもの救いでした。

私は木村家の婿養子になったのがよかったと思います。結果論ですが、女房がアレルギー体質だからよかったのかもしれません。女房がダンプカーみたいに頑丈だったら、今頃どこ吹く風で何も始まっていなかったと思います。

二〇一三年三月、東京・銀座でNPO法人木村秋則自然栽培に学ぶ会（清水精二理事長）主催の講演会が九〇〇人の聴衆を集めて開かれました。全国で初めて組織的な自然栽培の取り組みをしてくれたJA加美よつば有機米生産部会の方々が中心になって催されました。私はその満員の会場を眺めて話をしていたら、義父の顔が浮かんできて、言葉に詰まりました。涙ぐんでいたかもしれません。

それでなくとも私は歯がないために、右足を一歩出して、腹から声を出さないと、聴衆に届きません。講演が終わり、控え室に戻ってココアを飲み、ようやく我に返った気がしました。その時、私は本当に家族に支えられてここまで来たんだなと思いました。

本書は二〇〇九年五月に「日経プレミアシリーズ」の一冊として刊行し、おかげさまでたくさんの読者に読んでいただくことになりました。この文庫版では、その後の自然栽培の広がりなどを加筆しました。私は自然栽培を通じて、もう一度人間の復活をしようよ、人間らしくやろうよと提案したいと思います。

二〇一三年四月

著　者

目次

山の土には窒素、リン酸、カリはほとんどない
人間は土の生態系を壊している
バクテリアの体内窒素が隣の畑の二倍
穴を掘って土の温度を測る
畑の硬い層の下に養分
虫はどこへ行った
秋になったら草を刈る
ダニを食べるダニと名無しの虫
トマトを横植えする
自然の野菜の葉は淡い緑色
青虫のいないキャベツ畑
植物の言葉はわからないけれど
回転する大根
キュウリのひげが巻きつきますか
死ぬまで探究

文庫版のための追加章

農業ルネサンスが始まった

全国に広がる自然栽培

この四、五年で、全国各地に無農薬・無肥料の木村式自然栽培を掲げるNPO法人などの組織が生まれました。まさかここまで来るとは思ってもみませんでした。

私も家も何も変わっていません。私は、入れ歯を入れる時間もなく、そのままです。猫によって破れた家の襖の穴は、前より広がっています。しかし、自然栽培の世界は着実に全国に広がってきたと感じています。こんなうれしいことはありません。

自然栽培は、北海道の帯広市、仁木町、青森県の八戸市、南部町、岩手県遠野市、宮城県加美町、新潟県の新潟

市、佐渡市、石川県の羽咋市、愛知県の豊田市、田原市、岡山県、鳥取県、香川県、徳島県、愛媛県、鹿児島県などに広がり、さらに続々と立ち上がっています。ＪＡと市が関係している組織や任意団体、若い人たちが参加する自然栽培実践塾もあり、いずれも最低でもメンバーは八十人以上で、小規模なものは数え切れないほどあります。

日本で最も古い、農業の発展と農村の振興を図る公益社団法人「大日本農会」に呼ばれて講演したことがあります。講演後、農薬工業会の方に「過去のことを許してください」と頭を下げられたことがありました。〝目の上のたんこぶ〟のように言われてきた私にとって、信じられないほどうれしい出来事でした。それ以後、自然栽培を理解する人が増えてきたと日々実感しています。

日本の畑は惨憺たる状況

全国の農業現場を歩いていると、作付けができなくなっている畑や田んぼがどんどん増えていることがわかります。一部は流行の水耕栽培などの工場栽培に切り替わっているようですが、それだけでは日本の食は守れないでしょう。

現場の畑は惨憺たる状況で、土壌消毒をしないと作物が取れなくなっています。埼玉や千葉の農家では、トラクターの後ろに一斗缶二つを付け、毒性の強いクロルピクリンで土壌を燻蒸《くんじょう》している光景を見ました。

こうした光景は昔からありました。ラバウル帰りの義父徳一は、残飯をなんでもかんでも土に埋めたため、作物にモンパ病（根腐れ病）が蔓延しました。それで、このクロルピクリンの出番になりました。

農業のことが全くわからなかった時代、義父は丸い水中眼鏡をかけてタオルを口に巻き、何をするのかと思ったら、ボルドー液に粒《つぶ》チョコのようなもの（水銀錠）を混ぜて素手でかきまぜるのです。

私も真似をして手を入れたところ、手が赤紫に変わり、腫れてしまいました。刺激臭がして涙が出て、どうにもなりません。死ぬかと思ったくらいです。

こうした経験から、こんなことをやっていたら土が変わってしまう、土を土として見ないのが現代農業なのかと思いました。まさにレイチェル・カーソンの『沈黙の春』の世界だと感じました。

私がリンゴ栽培に失敗していた間に、周辺の畑にも根がこぶのようになる線虫被害が広がっていました。やがて本当に作物が取れなくなりました。周辺の農家はみな野菜を捨てました。指導する立場の人は「この土は消毒したほうがいい」と言いました。

しかし、そもそも農薬散布は対症療法に過ぎません。私は種を買う金もなかったので、その近所で捨てられた野菜の苗をもらってきて、無肥料、無農薬の畑に植えました。すると苗から新しい根が出てきて立派に育ちました。

これはきっと土の病気なんだと、ぼんやり気づきました。当時の農家の常識では、春に石灰を撒いて、土のペーハー調整をしました。義父も同じことをやっていました。

私は畑の水はけをよくするため、スコップで土に溝を掘りました。すると深さ二十センチのところに白い石灰の層がずっとあることがわかりました。雑草の根はこの層を過ぎていきません。これが硬盤層でした。

あの頃、私はこの硬盤層を見ていながらも、本当には土の中を見ていなかったのだと思います。だから私はリンゴで何回も失敗したのです。

石灰のないところに根こぶの苗を植えると苗は育ちます。しかし、石灰を撒いたところには育ちません。ということは、石灰がよくないということです。隣近所では新しい苗を植えても、同じ結果になったので、「ここは不毛の土地だ」と畑をやめてしまいました。こんなことを相変わらず繰り返しているのが、今の農家なのです。

自然栽培のミニトマトは左右対称に規則正しく育ち、まるで芸術作品のようです。自然栽培の大根の葉も左右対称が特徴で、十字の形に葉が出てきます。

ミケランジェロやダーウィンの仕事もすごいけれど、自然はもっとすごいなと思います。農学はすべての学問を集約したものです。土壌学、細菌学、気象学など数多くの分野に重なります。人の命に関わる最も重要な学問であるはずなのに、この分野の研究は遅れています。

農家の人に「作物にとって肥料はどれくらい必要なのか？」と訊いても、だれも答えられません。「肥料の七割くらいは使うんじゃないか」などと答える人はいますが、だれも本当の答えを知りません。

近年の研究では、肥料を横取りすると言われてきた雑草が、横取りをするどころか逆に土を作っていることがわかってきました。日本の大学の研究者がもっと真剣に取り組んでくれればよかったのですが、近年は韓国など外国の研究者に先を越されてしまっています。

土壌微生物の豊かさが定量可能に

一方で、病める現代農業の姿がデータで示されるようになってきました。健康な土壌には一グラム当たり一千億から一兆単位の微生物が棲んでいます。土はまさに宇宙のカオスそのものです。持続可能な農業を行うためには、このたくさんの微生物の力が必要です。これらの微生物群は複雑なシステムであり、膨大な相互作用によって、有機物を分解します。

米国のバイオログ社と米航空宇宙局（NASA）が共同開発したシステムによって、「バイオログプレート」という一枚のプレートで土壌生物の豊かさを定量的に分析できるようになりました。このシステムを使うと、微生物活性の高い農地とそうでない農地が一目瞭然になります。農学博士である横山和成さんらの研究が、私のやってきた農業を科学的に裏付けてくれました。

最近は閉鎖した工場が水耕栽培の工場に転用される例が増えています。しかし無菌状態で作られた水耕栽培の作物は、O157系の中毒が起きるといっぺんに危険にさらされます。また無菌の野菜ばかり食べている子供たちは、免疫力が落ちるでしょう。

工場栽培は、試験としてはいいかもしれませんが、これが科学技術の最先端とはとても思えません。いずれ人類は宇宙空間に宇宙ステーションを作って生活するようになるかもしれません。しかしステーションでは肥料、農薬は使えません。完全密閉空間で肥料、農薬を使えば、乗組員も死んでしまいます。水耕栽培では窒素がガス化してしまい酸欠状態になるでしょう。

過去は否定するのではなく改善する

私は以前から、「ルネサンス」という言葉を自然栽培のキーワードとして使ってきました。

これまでを完全に否定するのではなく、改善の気持ちで臨むべきで、昔を振り返ったらこうだった、だからこんどはこの方法でやってみたらうまくいった――それこそが人間の進むべき道だと思うからです。

凶作の記憶が薄れた現代では、いつでも食べられるというのが当たり前で、食べることのありがたさが、薄れてしまっています。私はＴＴＰ（環太平洋経済連携協定）についてどう思うかと問われたら、「どちらかといえば賛成」と答えます。それは、ＴＰＰのようなショックによって日本人が食に対して目覚める時ではないかと思うからです。

その点から見ても今はルネサンスという言葉がぴったりだと思います。「古典的な農業の再生・復興」という意味です。私は農業の夜明けが来たと思って取り組んでいます。自然栽培自体は何も新しいものではありません。肥料、農薬が登場する以前はすべて自然栽培だったはずです。だから革命的というのとはちょっと違うのです。

米ならだれでも始められる

主食である米から自然栽培の普及活動を始めたのは、リンゴなど果樹の自然栽培は難しく、失敗が多かったからです。私が指導してもいろいろ批判を受けかねない。そこで、だれでも取り組み可能な稲から始めました。

最初に指導に行ったのが、宮城県の加美よつば農協でした。組織単位での指導は初めてでした。みな半信半疑で、あまり好印象を持たなかったと思います。私は指導料をもらったわけではありませんが、金目当てに思われたようです。しかし、リーダー格の長沼太一さんは、「お金をもらわないのはあんただけだよ」と共鳴してくれ、真剣に取り組んでくれました。今では、長沼さんは自然栽培になくてはならない人になりました。

この加美よつばから全国へ飛び火していきました。二〇一〇年、石川県の羽咋市が私の講演会をきっかけに、同年十二月からJAと共催で年間六回の「自然栽培塾」を開きました。世界農業遺産に認定された「能登の里山里海」を、持続可能なシステムとして生かしていくためには、自然栽培しかないと考えたのです。私たちはTPPにも打ち勝てる農業を育てようと、塾生とともに勉強を重ねてきました。

そして羽咋から三カ月遅れて岡山が動き出しました。広島で私の講演を聞いたすし店経営者の高橋啓一さんを中心に、五人で自然栽培の米づくりが始まりました。メンバーは無肥料で本当に米が育つのかと気が気でなくなり、つい一年目に追肥をしてしまいました。ところが、追肥をしなかった稲も同じように育ちました。

高橋さんらはそれを見て「できる」と確信しました。二〇一〇年にNPO法人岡山県木村式自然栽培実行委員会（倉敷市）が設立されました。県内四つのJAと全農岡山パールライスの協力も得て、現在、六十戸の農家が自然栽培に取り組んでいます。NPO設立のイベントで、高橋さんは、「二〇一三年は自然栽培米千五百俵を目指します」と高らかに宣言しました。会場にはJA岡山中央会の堀川進会長の姿がありました。堀川会長からは次のあいさつをいただきました。

「私たちの時代は、農薬、化学肥料なしで八俵くらいのお米をつくることができました。今は化学肥料を入れ農薬や除草剤を撒けば、田植えをしたあと一度も田んぼに入らなくてもお米が実ります。しかし、カエルもドジョウもいない田んぼになってしまいました。豊かな国になったというのに、私たちはまだこういう作り方をしています。私たちは地球という星に住まわせてもらっています。その私たちに地球を汚染する権利はあるでしょうか。行政を巻き込んでいかなければこの運動は広がりません。ぜひ、みなさんにも広めていただきたいと思いますし、私も私のできる立場で応援していきたいと思います」

会場はどよめきました。かつてこれほど自然栽培について踏み込んだ発言をしたJAの会長さんがいたでしょうか。私も驚き、呆然としました。岡山はいまや自然栽培のトップランナーといっていいでしょう。米の生産だけでなく、農家と消費者をつなぐ流通ネットワークも構築中で、自然栽培の酒米を原料にした「奇跡のお酒」などの加工食品も相次ぎ商品化されています。

モモやナシの自然栽培にも成功

岡山のなんば桃園はモモの自然栽培に成功しました。リンゴの自然栽培は難しいですが、モモはわずか二年でできました。千五百箱です。モモの木はリンゴより大きい巨木です。慣行栽培と味も大きさも変わらない日本一の桃が無肥料、無農薬でできました。お隣の香川県もモモ産地ですが、ここでも大規模に自然栽培のモモづくりが進んでいます。

私のリンゴ園の脇にはモモだけでなくさまざまな種類の果樹があり、リンゴが実らなかった年にもたくさんの実を結んでいました。

モモの自然栽培のやり方はリンゴと同じです。なんば桃園では、まず下草を伸ばしました。これまで使ってきた余分の堆肥、肥料を求めてアブラムシがやって来るため、草に肥料を吸わせます。ヨモギの葉っぱは私の背丈より大きくなりました。葉っぱの後ろに大きなクモがいっぱいいて棒で払いながら農作業を行いました。

リンゴの時と同様、農薬の代わりに酢を水で薄めて十八回散布しました。春にはリンゴと同じく草を刈って土に光を当て、あとは伸ばしっぱなしにします。

鳥取ではナシの自然栽培に一年目で成功しました。これまでのナシは、見栄えはいいのですが、味がよくありません。実が小さい頃から小袋をかけ、さらにもう一枚袋をかけるのでお日様に当たらず、味が薄くなっているのです。そこで私は一枚袋でやっていこうと言いました。ざらざらしたのがナシ本来の姿であり、もう一回、二十世紀のあの味を取り戻そうと頑張っています。

四国の高知県香南市のNPO法人「しあわせみかん山」では、ミカンの指導をしました。韓国の済州島でも指導をしました。私はミカンを教えて十八年です。

ミカンも酢散布を行います。ミカンは葉が落ちないので病気は少なく、三回も散布したら十分です。ただ、害虫は怖いのでミカンの発酵液を入れた暖色系のバケツを、木にぶら下げました。これらはすべてリンゴで試してきたやり方です。

愛媛県松山市のNPO法人「ユニバーサルクリエート」代表の佐伯康人さんは、ハンディのある人たちと自然栽培に取り組んでいます。ダウン症の子供たちも参加しています。みんなで力を合わせてお米やミカンを栽培し、その売上で、これまで微々たる賃金しかなかったのが、毎月五、六万円の収入があり、補助金なしで生活していま す。約八町歩（八ヘクタール）の耕作放棄地を借り、さらに大規模に自然栽培をやっていくそうです。こうした動きが全国に広がっていくことを期待しています。

ミョウガを嫌うヨトウムシ

ヨトウムシ（夜盗虫）という害虫があります。この虫には対処の方法がありません。ヨトウムシは夜中に出没して、せっかく出た新芽を食べて、またお日様が出ると隠れてしまいます。

ヨトウムシのせいで三回も野菜の種を蒔いた受講生がいました。彼はあきらめかけていました。私は「観察しなさい。部分じゃなくて全体を見る目を養いなさい」と言いました。

彼の畑のワキにミョウガ畑がありました。そこだけはヨトウムシの被害がない。それならミョウガの葉っぱを敷いてみたらどうだろうと思って、葉っぱを置いたそうです。すると全くヨトウムシの被害が生じません。私は、彼に「この写真を撮ってみんなの前で発表してくれませんか」とお願いしました。

その方の本職はお医者さんでした。息子に病院を譲り隠居をしていました。この発見に学んで他の人もその通りやって成果が出たのでうれしくてしようがありません。その方は、自分の作った野菜を病院の給食用に使ってもらえるよう頑張ると言いました。息子さんも「おやじがお皿話になっています」と会いに来てくれました。

だれもが一つでもいいから新しい技術を見つけると、百人いれば百の新たな技術が生まれます。それこそが私が自然栽培塾で求めていたものです。

ヨトウムシのこと一つとっても、だれも知らなかった大発見です。マニュアルや教科書に載っていないことが山ほどあります。それらを一つひとつみんなで探究すれば、難しいことは何もありません。

私は「いざ鎌倉」という言葉で有名な謡曲「鉢の木」が好きです。あの中で佐野源左衛門常世という御家人は、諸国遍歴の僧に、一夜の宿を提供します。大雪の日に、夜が更けるともう貧しさのために暖をとる薪さえなくなります。そこで常世は、大事にしていた秘蔵の盆栽「鉢の木」を切って囲炉裏にくべて、その僧をもてなしました。

落ちぶれたとはいえ、幕府の一大事にはやせ馬に乗り、ちぎれた具足を身につけ駆けつける所存であるという覚悟を聞いて、その僧は感じ入ります。

春になり、鎌倉に一大事が起きて、常世は駆けつけます。みすぼらしい姿を笑う幕府の首脳の中を進み出ると待っていたのはあの時の僧です。

その僧こそは前執権の北条時頼その人でした。時頼は他のだれも褒めませんでしたが、やせこけた馬で駆けつけた常世を称賛しました。

常世の心を日本人は忘れてしまったんじゃないかと思います。一つのことを全うしていくその心を、です。

農家は土を忘れました。酪農家は牛を忘れました。お釈迦様の教えは時を経るにつれて様々な解釈を生みます。しかし、お釈迦様の教えは一つしかありません。

常識にも間違っていることがある

デメター（欧州における有機栽培の認証組織）の招請で、ドイツのフランクフルトに赴いた時の話です。私はジャガイモを植えるデモンストレーションをして講演をしました。そこでこの「鉢の木」の話をしたあと、「結論を言ってください」というの

で、「あなた方は間違っている」と言いました。「ジャガイモの植え方、間違っていま
す」と。彼らは硬盤層のことも知らなかったのですが、もっと根本的なことを間違え
ていました。

みなさんはジャガイモの種イモを植える時、切り口を下にして植えていませんか。
すると種イモの上にイモが出てくるので、土寄せの作業が必要になります。
逆に種イモの切り口を上に向けて植えると、種イモの横や下にイモが出てきます。
そうすれば土寄せの作業がいらなくなります。しかし、世界中のどこへ行ってもみん
な逆さに（下向きに）植えています。

言葉は少し大げさですが、「みなさん、千年も同じことを繰り返していませんか。
常識が間違っていませんか」と言いたいです。常識というのはいったい何なのでしょ
うか。常識のすべてが正しいわけではないのです。

日本という国は指定食品添加物を三百六十一品目（食品衛生法第十条に基づき厚生
労働大臣が定めたもの）も使っている国です。

もちろん農薬の使用によって長期保存などの恩恵はありましたが、さすがに行き過
ぎだと思います。これからは自然栽培を通じて、まがい物ではなく本物であることの

重要性を消費者のみなさんに伝えていく必要があります。

日本に欠けているのは本物の食です。食を変えないと日本は滅びるかもしれません。政治によって世の中が変わる時代は終わりました。細々かもしれないけれど、志を持った生産者が全国の消費者と確実につながっていけば、世の中は変わると確信しています。

第1章

木村、やっと花が咲いだよ

九年目の開花

五月の津軽は待ち焦がれた春を告げるように、サクラの後にリンゴの花が咲き、ついで百花繚乱の季節となります。

リンゴの花はつぼみのうちは濃いピンク色で、開くと真っ白になります。サクラの花もきれいですが、個人的にはリンゴの花は花の代表ではないかと思うほどです。桜は花見をする人の方を向いて咲きます。葉も遠慮して後から出ます。しかし、リンゴの花は人間なんか気にせず、つやつやした緑の葉とともに上を向いて咲くんです。ちょっと威張っているように見えます。

といっても、それはよその畑の話で、我が家のリンゴ畑だけは何年もその花を見せることなく沈黙を続け、春は全く訪れてくれませんでした。

無肥料、無農薬の完全実施から九年目、リンゴ畑は長い間、病気と虫にさいなまれ、無残な姿をさらしていました。生活はどん底でした。地獄でした。花が咲かないのが当たり前になっていました。

だから、一九八八年(昭和六十三年)の五月十三日のことは忘れられません。

リンゴ畑は四カ所ありました。一番最初に無農薬、無化学肥料栽培に移行した東《ひがし》岩木山《いわきさん》にある八十八アール（八・八反）の畑が答えを出してくれました。スタートが七八年のことですから、もう十一年も経過していました。

畑は分散しており、苗づくり、田植えの季節とあって、私はあっちに行ったりこっちに来たりして二週間もリンゴ畑の姿を見ていませんでした。怖くて遠ざけていたのかもしれません。

私の隣の畑の生産者である竹谷銀三さんが朝の七時頃やってきました。私は田植えの準備で田んぼへ向かうため、長靴を履いている時でした。

竹谷さんが「木村、木村、畑、見だが。花咲いだよ」と教えてくれたのです。

内心、今年こそはという期待もあったのですが、辛酸をなめ続けてきただけに確めるのが怖かった。だから、「花咲いだよ」の朗報に「本当か」と言いました。一瞬、からかわれているのかと思いました。

しかし、もしかしたらという気持ちで急いで女房の美千子を呼び、田植え用の長靴を履いたまま、中古のバイクに跨《また》がりました。荷台に座布団を敷いた原付バイクに乗った女房は無言でしがみついていました。農道の砂利道をアクセル全開で登っていきました。どうやって現場に着いたかわからないほど興奮していました。

一つ手前の生産者の畑に松の大木に囲まれた小屋がありました。その畑の中にバイクを止めました。そこからは自分の畑に行けません。花が咲いていると、この目で確認したいのですが、見るのが怖くて足が思うように進みません。

春のリンゴ畑は葉っぱが小さいからずっと奥まで見渡せます。他の畑が満開なのは春だから当たり前ですが、私の畑は尋常でなかったので、隣の畑の見間違いではないかと何度も疑いました。

そっと覗き見るようにして視線を走らせると、私の畑は緑色ではなく、まぶしい白い陽光に包まれていました。「ああ、白い」。そう言ったと思います。「よく、頑張ってくれたなあ」。あとは涙で全部見ることができませんでした。女房とそこで二人、涙を流し立ち尽くしていました。

忘れられない日です。

もう二十年も前のことなのに、今でも思い出すと涙が出てきます。

リンゴが自らの力を振り絞って咲いてくれました。ようやくリンゴの木が自分のことをわかってくれた、そう思うとうれしくて、自分の畑までたどり着くと「ああ、咲いた、咲いた」という感じで半日、その畑を踊るようにして回りました。

あの版画家の棟方志功さんのようだったかもしれません。同じ津軽人のもつけ（お調子もの）の血が流れているからでしょうか。棟方さんは絵バカと言われるほど版画に心血を注いだ人です。無農薬リンゴに一心不乱に取り組んできた私のことを「リンゴの棟方志功」と言ってくれる人がおりました。ありがたいことです。

その後、翌年に無肥料、無農薬に移行した百二十アールの畑でもいくらか咲いているのを確認して、さらに二つの小さい畑も全部見て回りました。

お祝いに日本酒を振る舞う

後で気がつくと、この日は食事をとることも忘れていました。午後三時頃家に戻って、また一人で畑に来ました。お祝いに日本酒をリンゴの木の一本一本に振る舞おうと思ったのです。根っこのところに少しずつかけて、「ありがとう、よく花を咲かせてくれたね」と感謝の言葉を伝えて歩きました。

肥料も何も与えないでいたら、七、八月になると晩秋のような姿になりました。ご飯を食べさせないで「生きなさい」と過酷なことを強いてきたようなものです。何年もです。リンゴの木はその困難を乗り越えて花を咲かせてくれたのです。

私もご相伴《しょうばん》させてもらいました。すっかりいい気持ちになってリンゴの木の下に寝ころびました。地面から白い花びらを眺めて、「なんてきれいなんだろう」と思いました。その夢心地の酔いと青い空が静かに私の体を包み込んでくれるようでした。

その頃私の畑はまだ蛾の幼虫でいっぱいでした。すごい数のハマキムシを思えば、本当によくリンゴの木が耐えて応えてくれたと思います。

養子の分際の私に両親もよくこれまで勝手放題を許してくれたと思います。私は理解ある家族に恵まれました。親父（義父）やお袋（義母）がまさか早朝に畑に行ってすでに花を確認していたとは知りませんでした。一言も言わなかったのです。自分の目で確認してからという心遣いからでしょう。知らなかったのは私と美千子だけでした。

親父は、最初の畑がいっぱい咲いたし、次の年のも全部じゃないけど六〇パーセント咲いたから、満足はしないだろうけれど、喜び安堵したのではと思います。苦労の掛け通しでしたから。

その前年、ゴルフボールよりちょっと小さいくらいのリンゴが二個できました。すべての畑の中で最初に農薬をやめた場所にあるたった一本のフジのリンゴの木が、七個の花を咲かせたのです。そのうち五個はハマキムシに食われ、二個だけ収穫できました。このかけがえのない二個のリンゴは神棚に上げた後、家族で大切に食べました。とびきりのおいしさでした。糖度は二十四度もありました。

普通この手の小さいリンゴならとてもまずくて食べられません。ところが、そのおいしかったこと。割ったナイフをそのままリンゴにつけておくと、ナイフにリンゴがくっついてきました。それほどの糖度がこの小さな実に詰め込まれていました。甘いなんてもんじゃなく甘さの極限だと思いました。まるでお菓子でした。

復活の兆し

リンゴの復活の兆しは九月頃から新梢が少しずつ発生するなど、見てわかるようになりました。今まで八月頃には全部落ちていた葉っぱが十月の末まで三分の一程度残りました。もう大丈夫、行けるかもしれない、そんな確信めいた思いがありました。

これでリンゴで食っていける。

去年と違う。だれも気づかないが、新しい花芽を見た。

たかが五ミリの小さな世界だけど、これで生きられる。

自分の生き方は間違っていなかった。

それでも、自信を持って女房に言えませんでした。

「また夢で終わるのかな」という恐れがあったからです。

花芽を見ればわかります。普通の畑なら、細めの芽とちょっとふっくらした大きめの芽があります。太いのは花の芽で細いのは葉になります。

ところが、私の畑はいつも葉っぱを落としてきたから、ふっくらしていません。花芽と葉芽も栄養が足りないのか細くて同じような状態でした。

私はその小さな変化に気づいていても女房には来年、花咲くよとは断言できませんでした。まさかこんなにも花が咲くとは思いもしませんでした。

よくやめなかったなと思います。なんで好き好んで貧乏してきたのだろう。無農薬を始めてから十一年はあまりにも長かったです。無収穫時代が九年もありました。同じ津軽で私と同じような無農薬栽培に挑んだ先人が何人かいます。私もその畑に何度も足を運びましたが、やはり継続できません。経済的に三〜五年が限界でした。私も「こんなバカなことはしてられない。やめよう、やめよう」と思いながら、次の年また始めているという状態でした。

花が咲いたらもういたわしくて（もったいなくて）摘花できません。私らにすれば、久しぶりのリンゴでした。もう摘花なんかできませんでした。

周辺農家の反応も様変わり

その頃になると隣の人たちも、畑の様子が変わって、よくなっているのを喜んでくれるようになりました。

「花咲いたよ。リンゴなるよ」とみんな喜んでくれたのです。

最近、大きく風向きが変わってきました。周辺農家が一番の証人です。周辺の畑より私のリンゴは立派になっています。昔はひどい人もいました。私の畑にわざと農薬の袋を捨てる人もいました。

周辺の畑と何も変わらなくなってくると、文句を言われなくなるどころか、私と同じ無肥料、無農薬でリンゴを作り始める生産者が出てきました。そこまでいかなくても年に十三回かける殺虫剤・殺菌剤の混合散布を五、六回に減らしたり、農薬をやめて有機農業にひとまず向かっている姿は大歓迎です。

花咲いだよ、と教えてくれた竹谷銀三さんのところは二代目の誠さんが奮起して低農薬栽培に切り替え、県の特栽農家になっています。隣の上の農家も農薬、肥料を使わない農業に向かっています。若い人たちが変わってきています。

銀三さんの奥さんは木村自然栽培の広報部長的存在です。木村という人がいるかと聞かれれば「それはうちの畑の隣だよ」と胸を張って答えてくれています。広報部長は「木村の時代が来たね」と持ち上げてくれます。

周りの生産者は木を抜いてくれました。リンゴの木の間隔は八～十メートルありますᢀ一本抜くことで二十メートルの間ができます。「西風が吹いても木村のところに農薬が飛ばないだろう」。私の畑を思いやってくれる気持ちがうれしいです。

私の生い立ち

私は一九四九年（昭和二十四年）十一月八日、父三上豊志、母ふみゑの農家の二男坊として青森県中津軽郡岩木町（現在、弘前市）に生まれました。手広く農業をやり、リンゴの現金収入もあり、生活に困ったという記憶はありません。小学校の低学年から買ってもらった玩具はバラバラにしないと気がすまないたちで、ロボットでもクルマでもヒコーキでも何でもかたっぱしから分解していました。

中学校の頃は亀の甲の化学反応式が大好きで、電気に興味を持つ科学少年でした。ラジオがなぜ鳴るのか興味がつきませんでした。無線機やとてつもないアンプを作って体育館のスピーカーを壊したこともあります。ビートルズ全盛の時代でした。

高校時代は中古バイクをいじり、エンジンを改造するのがおもしろく夢中になりました。土曜の半ドンの学校をさぼってモトクロスに出場したこともあります。なぜか校長先生と担任がオートバイに二人乗りで応援に来てくれました。次の日、校長室に呼ばれて叱られましたが、家族的ないい学校でした。

一番のハチャメチャな思い出は、何といっても三年生の、一台のバイクに七人乗りしたことです。バイク屋の成田忠男君が学校に乗ってきたバイクで、仲間七人が彼のうちに遊びに行こうということになりました。よく七人も乗ったものです。

国道七号線を走っている時、乗用車のコロナが我々を追い越していきました。間もなく白バイのサイレンが鳴りました。「あれ、あのコロナ、追い越し禁止で追い越したからだ」と、自分たちがこれほど違反しているということは頭にありませんでした。

後方から白バイが「止まれ、止まれ」と叫びました。「何やってるんだ」。みんなそこで降ろされ、叱られました。こういう時、ハンドルを握っていた者が処罰の対象になるそうです。それは私でした。白バイが去り、しばらく押して歩いたのですが、まだ家も遠いし、また全員乗って走り出しました。白バイのおまわりさんはとっくに先を読んで待ち構えていました。学校では謹慎一週間の処分となりました。

私は二男坊で家を継ぐ必要がなかったから、農業は全く頭にありませんでした。学校の勉強はさっぱりでしたが、機械いじりと数字の扱いが割に好きだったので、二年の時奮起して工業簿記一級を取得しました。会計の仕事をやってみたいと、卒業に際し税理士の試験を受けましたが、あと一科目のところで不合格になりました。

子供の頃から農薬散布の姿を見て育ったので、重労働の農業に将来性を感じることはなく、やる気もありませんでした。それで親に内緒で就職試験を受けました。畑に合格電報が来て発覚して、親父に「いつ行くんだ」と言われました。当時のいわゆる集団就職で、川崎のトキコというディスクブレーキやショックアブソーバーの会社でした。そこでは原価計算の仕事をしました。

あの頃は週末になると毎週のように湘南のチューニングショップに通い、車のエンジンの改造という高校時代からの趣味に没頭していました。名人気質のショップの主人と知り合いになって、百二十馬力のスカイラインを三百馬力にパワーアップさせるのはもうお手のもので、セリカの一六〇〇GTを一日八千円で借りて乗り回していました。会社にはモトクロス部をつくり都会生活を堪能していました。

ところが、わずか一年半後に父が迎えに来ました。海上自衛隊でパイロットになっていた兄が体調を崩して家に戻り、私に家の農業を手伝えと言うのです。仕方なく退職願を出しましたが、農業は全く頭にありませんでした。

会社をやめる時、当時常務だった重松さんが「こんないいところはない。やめるな」と言ってくれました。重松さんはじめ原価管理課の人たちが上野駅まで見送りに来てくれたことは今でも忘れられません。まだ十九歳でした。

だから農業はいやなんだ

家へ帰ると台風でリンゴが落下し、田んぼは川の水があふれ、両親たちは排水に躍起でした。翌日からは水没寸前の田んぼの稲刈りでした。

「これだから農業はいやなんだ」と思いました。一九六九年（昭和四十四年）九月のことです。

家の田んぼは四・二ヘクタール（約四十二反）ありました。田植えは機械植えではなく手植えです。寄り合い農業でした。堆肥は、フォークを持って三反歩やるのに一日かかります。化学肥料を撒くのと四倍も作業能率が違います。農薬、化学肥料全盛の時代でした。

岩木町農協の組合長らの依頼で農協の金融業務の手伝いをしたのもこの頃です。一人で収穫期の田んぼを回って、年末の貯金残高を四億円伸ばし八億円にした記憶があります。

幸い、二つ違いの兄・豊勝はナメコ栽培をやりながら次第に健康を回復していきました。

それで二男坊の私は自然と家を出ることになり、婿入りの話が来たようです。

相手は、実家から歩いて十分の距離の木村の家でした。私と女房は小学校の同級生で、中学校も同じ津軽中学校で同窓でした。

中学校はL字型の校舎で、私はG組で外れにあったD組の木村さんとはほとんど話をしたことがありませんでした。ある日、友達と一緒に酒を飲んで家に帰ると、木村家の人たちがいました。お見合いのつもりで来ていたのでしょうが、こっちが泥酔状態では話のしようがありません。また改めて見合いの日が設定されました。

「きょうは酒飲むな」と親に言われていましたが、飲んでしまいました。同級生が海上自衛隊に入るというので、みんなで一升瓶を立ててワイワイやったのです。

結局、まだ二十歳同士、自分も若過ぎる気がして「二十二歳になったら結婚しましょう」ということになりました。

一九七二年（昭和四十七年）九月十七日に結婚、三上家から木村家へ養子に入りました。

岩木中央公民館でささやかに式を挙げました。これから降りかかる我が夫婦の運命を暗示するかのように、その日は大荒れの台風でした。

キャンドルサービスに使うロウソクがなく、仏壇の細いロウソクをかき集めました。今思っても心細い限りでした。

巨大トラクターを購入

養子に入り本格的に農業に専念することになりました。

リンゴの畑は四カ所あり、一反（十アール）当たり百五十箱（一箱二十キロ）三トンを収穫していました。スターキングという品種だけで二千箱です。リンゴの値段は安かったのですが、作りやすい品種で早く色が乗り、農薬を散布し肥料を撒くだけでよかったのです。年収は六百万円くらいで、相場が上がると七、八百万円になったかと思います。

ある時、雑誌か何かのカタログでアメリカの広大な畑を走り回る大型トラクターの写真を見て、これならやってみたいと思いました。いわゆるアメリカのような大規模農業がここでできるなら、小麦かトウモロコシを作ってみたい、それにはトラクターがいる。クルマのエンジン好きの私にはトラクターがたまらない乗り物に思え、実家の親父が持たせてくれた持参金で矢も盾もたまらず購入しました。これで農業がおもしろくなる。単純でしたが、惚れ込んだトラクターとともに少し夢が広がってきました。

米国製インターナショナル・ハーベスター（ＩＨ）社の四十五馬力ディーゼルエンジン。百五十万円もする買い物でしたが、借りた二町歩の大きな荒地もこの巨大なトラクターにかかると驚くほどのスピードで、すばらしいトウモロコシ畑に変わっていきました。毎日作業を終えると、嬉々として自分の背の高さもあるトラクターのタイヤの泥を洗い落とし、ボディーにワックスをかけていました。

いよいよトウモロコシの収穫を迎える頃のこと。思わぬタヌキの被害に泣かされました。虎鋏をしかけると、すぐ子ダヌキがかかりました。牙をむいて威嚇する子ダヌキの虎鋏をやっと外してやると、そばで見守っていた母ダヌキが来て逃げもせず一生懸命挟まれた子ダヌキの足をなめている。その姿を見てずいぶんかわいそうなことをしたと思いました。それで「もう食べに来るなよ」と売り物にならないような歯の欠けたトウモロコシを畑の隅に置いてきました。

次の朝、行ったらトウモロコシはひとつ残らずなくなっていました。それからはタヌキの被害がほとんどなくなりました。

私は「人間が元々タヌキのすみかだったところを畑にした。それなのに収穫の全部を持っていくから被害を受けるのではないか」と思いました。普通は餌をやったら余計にタヌキが集まって被害がひどくなるのではと思うところですが、そうはなりませんでした。「タヌキの恩返し」だったのでしょうか。自然界の不思議はリンゴ栽培と並行して始めたこのトウモロコシとタヌキの一件で、深く胸の中に刻まれることになりました。

第2章

農薬はつらい——無農薬・無肥料への一念発起

皮膚が剥け、痕が真っ赤に

当時は、一般のリンゴ栽培農家と一緒で、木村農園も農薬散布で徹底した病虫害の防除を行い、化学肥料も十分に使用して生産を確保していました。農協から表彰されてもいいほど使っていました。

ところがその農薬ですごく家族の体が痛めつけられ、私も負けたことが無農薬の畑に切り替えるきっかけになりました。トウモロコシをやったのも、成功すれば農薬で苦しむリンゴ栽培から転換できる、家族を守れるかもしれないと思ったからです。

トウモロコシ栽培は五年ほど続きましたが、リンゴにかかりきりになる事態に至ってやめました。今、この岩木山一帯の嶽《だけ》高原はトウモロコシの一大産地です。「嶽きみ」ブランドで有名になりました。続けていればそのパイオニアとして名を刻まれていたでしょう。ところがそれどころではなく魔性のリンゴの泥沼に足を取られ、生きるために愛するトラクターも人手に渡ることになりました。

物心ついた頃から、親たちは何種類もの農薬や殺菌剤を混ぜ散布していました。栽培の手伝いをするようになって、農薬を攪拌する手につき皮が剥けたり、やけどしたりしましたが、なんともないことと思っていました。その時代は劇薬のパラチオンも使われていて、散布の後はリンゴ畑の周辺にドクロマークの三角旗が立てられていたのを覚えています。

リンゴ生産のために使用した農薬はダイホルタン、石灰ボルドー液（硫酸銅と生石灰の混合液）などで、あの頃は手散布でした。雨合羽を着ているわけではありません。季節は夏で暑いので、普通のジャンパーを着たり、古着を着て作業をしますするとちょうど顔や首筋、腕とか、長靴の上の辺りに農薬がかかります。すごいのです。超アルカリ性のやけどです。白く、ポツポツと出た後、普通のやけどは水ぶくれがプクーンとできます。ところが農薬の場合は、白くポツポツと出た後、皮がべろりと全部取れてしまい、その痕が真っ赤になります。

私は作業が終わると涙をこらえ風呂場に駆け込んでいました。

ダイホルタンというのは、低農薬栽培をやる時に使う農薬ですが、現在は発がん性が強く発売禁止になっています。昭和三十九年（一九六四年）に許可され、失効したのは一九八九年（平成元年）の十二月です。農家はこの長い期間、お上の指導で使い続け、この農薬に悩まされてきたのです。

目元の柔らかいところが腫れて目が見えなくなります。私はなんとか我慢してきたのですが、女房の美千子はかわいそうでした。漆《うるし》の強いやつにかぶれるようなものです。多少の防御ではどうにもなりません。散布をすると女房は一週間畑に出られなくなってしまいました。そのうち最盛期に一カ月まるまる出られなくなり、私の作業負担も増してきました。

高性能の大型噴霧車スピードスプレーヤーを使えば、二十メートルも飛びます。うちのように手散布だと五メートルしか飛びません。霧状になった農薬を直接、かなり浴びたと思います。

リンゴ農家はどこでも同じ思いをしていました。青森県のリンゴ生産は文字通り体を張った農家の汗と努力に支えられていました。

私はちょっとの間ですが、サラリーマンの真似事をして農業とかけ離れた環境にいたものですから、みんなとは違う角度から物事を見るようになっていました。だから夏場、リンゴ園が白くなるほど農薬を散布することが当たり前とは思えませんでした。

農薬を減らせば、家族みんなで作業ができる。何とかして農薬を減らしたいと次第に考えるようになりました。

兄の刺激を受け有機農業を勉強

当時、鶏糞、もみ殻堆肥など有機農業についてよく勉強していた兄をすばらしいと思っていました。私も兄の刺激を受けリンゴを化学肥料でなく有機肥料でやろうと、重労働も構わずバカみたいに走り回りました。町の図書館に通い有機栽培に関する書物を読み漁りました。二十四歳の時に初めて堆肥づくりに取り組みました。それからずっとイネワラ、チップカス、カヤなど全部ただでもらったものに鶏糞を加え、発酵させた堆肥をつくっていました。

自分で作った堆肥を入れて、それから農薬を減らそうと手順を考え、生態系農業への関心がどんどん高まっていった頃、自然農法の先駆者である福岡正信さんが書いた本に出合いました。何十回、読んだかわかりません。『わら一本の革命』などを読むと、肥料は使わないとあります。使うのはワラだけ。農薬も肥料も要らない。耕起も要らない。何もしないというところに非常に感銘しました。もしこれがリンゴでできたらすごいなあと思いました。

でも、これは米と麦の二毛作が可能な四国の愛媛という暖かいところでの話で、生える木からして違う。リンゴについては何も書いていない。果たしてこの雪深い北国でできるのだろうか。こっちにはこっちの気候に合わせた栽培方法があるのではと、研究にも次第に熱が入っていきました。J・I・ロディルが書いた『有機農法』も勉強になりました。お金がない時に買ったので、今でも高かった値段をよく覚えています。

こうした「自然農法」という考えに強くひかれ、まず農薬を減らすことを意識しました。と同時に「安全な」リンゴを消費者に届けたいという食への思いも強くなりました。

最初はいいことずくめ

私は養子ですから自分の判断だけではできません。木村の義父徳一に減農薬のことを相談すると、農薬で健康を害している娘のこともあったのでしょう、すんなり了解してくれて年間十三回散布するのを半分以下の六回に落としました。

結果は想像以上でした。心配していた病虫害の被害もあまりなく、品質、収量も変わりありません。何より家族の作業が楽になりました。農薬をかけなくてもいいや、何とかなるだろう、と手を抜いたところが何カ所かありました。手抜きしたところも直接かけたわけではないけれど、間接的に農薬がかかったのか、秋にはリンゴがなってくれました。

手抜きしたところでも収穫できた。それじゃこのままやってもなってくれる。リンゴができるのじゃないかと思いました。翌年、散布を三回に減らしました。多少病虫害の発生はあったのですが、農薬の回数を減らした分、粗利益は逆に増加して、いいことずくめのように思いました。こうやっていると元来、効率人間の私はだんだん計算高くなってきます。若気の至りというのでしょうか、無農薬栽培でもできると図に乗り、あくる年は思い切って一回だけの散布に抑えました。ところが、これでもまずまずの結果が出ました。

私はもう有頂天でした。

これなら完全無農薬栽培も可能かもしれない。いきなり全部の畑を無農薬にするのはリスクが大きいだろうから、四カ所の畑のうち、一年に一カ所ずつ増やしていけば何とかなると思いました。いざとなれば家族が食べる自給の米もあるという考えでした。

あとは義父の説得だけでした。ある晩、義父と一杯やりながら、減農薬での数字を示して「来年から無農薬でやらせてほしい」と切り出しました。もちろん反対されると思いました。減農薬と無農薬では隔たりがあり過ぎます。そんなことに取り組んでいるリンゴ農家はどこにもありませんでした。常識で考えれば許されるはずはありません。

ところが義父は「いいよ、やってみなさい」と言うのです。それは思わぬ返事でした。のちに私が買った大豆の本を手にとって「読んでもいいか」などと言ったりして、この農法に興味を持っていたようです。

鑑札を持ち、ウグイスを鳴かせる名人で穏やかな人柄は近所でも評判でした。義父は長く郵便局に勤めた人で、根っからの農業人ではなかったので理解があったのかもしれません。米栽培でも「肥料は使うな」と言い、「今の百姓は間違っている」と除草剤も嫌がりました。

ラバウル百四十九連隊の生き残りで、戦地を逃げ回りながら畑をつくり、サツマイモなどを植えて自活した経験を持っていました。それはいわば肥料も何も使わない

「自然栽培」だったのでしょう。ただし、熱帯のラバウルにはリンゴはありません。「さすがにリンゴはわからないなあ。できないとは思うけど」と言っていました。

何年かして、どうにか再びリンゴが収穫できるようになった頃、義父に聞いてみると「どうせ二～三年もやればあきらめるだろう」と思っていたと言います。

私は、逆に二～三年で軌道に乗ると思っていました。どちらの予想も外れて、木村家は苦難の道を歩むことになりました。

夏から葉が落ち始めた

結婚する時に実家の親から財産分けでもらった畑で栽培を開始しました。この無農薬栽培を決意したのは結婚七年目、二十九歳の時でした。

結果は哀れなものでした。一回とゼロ回の差は天と地ほどの違いがありました。リンゴはミカンと違って落葉果樹ですが、斑点落葉病という病気のために葉っぱが全部七月の末頃からパラパラと黄色くなって落ちていくのです。

八月の末といったらもう枯れ木になるのです。これが苦節十年の始まりでした。

そして驚くことに九月になると、またリンゴの花が咲きました。春に花が咲くのが普通なのに私の畑は九月にも花が咲きました。九月の花は来年のための花なのです。葉っぱを落とすものですから、リンゴの木は驚いて「ああ、また冬が来たんだべな」「暑い冬だな」などと思っていたのかもしれません。

実際、青森の九月は温度差があって朝晩は急激に涼しくなります。「ああ、春なんだな」と勘違いして花を咲かせたのでしょう。病気のせいです。こんなことはどんな教科書にも載っていませんでした。

バラ科の植物のリンゴは葉がでんぷんをつくります。その命の葉っぱが八月には全部散っていく。一枚の葉っぱが散るかすかな音が私には「ガサッ」とか「バサッ」と聞こえました。神経が張り詰めて聴覚が異常になっていたのかもしれません。胸の張り裂けるような思いでその木の様子をながめているしかありませんでした。

病気に輪をかけて害虫の被害が出てきます。呆然としながらもこの病気を叩くには何がいいだろうかと、手を替え品を替え、なりふり構わずやりました。

二年目は百二十アールの別の畑でも実施しました。二つの畑で農薬に代わる酢、焼酎、塩、すりおろしたニンニクを薄めて散布しました。牛乳がいいと聞けば散布しました。全面移行した三年目はネギに醤油を混ぜたりもしました。とにかく人間が食べられるものならもう何でも木に撒きました。畑の土を水に溶いた泥水をリンゴの木にかけてみたり、そう、まだありました。片栗粉、小麦粉、ニラ、玉ネギ……。それから何がありましたっけ。しかし、どれといって効果がありません。農薬に勝るものなしでした。

「かまど消し」と言われて

その頃から病害虫が増えたということで、世間からの風当たりが強くなり、非難されました。青森県は黒星病、斑点落葉病、腐らん病などのリンゴの病害虫に関する条例を定め、肥料、農薬等の資材で徹底した防除管理を行っていました。通告された畑は無視すると強制伐採のうえ三十万円の罰金が科せられます。リンゴは全国の四〇パーセントのシェアを持つ青森県の主要産業ですから無理もありません。

最初の二、三年は私に同情的な目を向けてくれた近隣の生産者も、毎年葉を落とし収穫が上げられない状況に病害虫の発生を恐れ、見る目が厳しくなってきました。

ご近所のあいさつが全くなくなりました。田舎ですから回覧板は貴重な情報源です。最初、期日後れになって、そのうち家に来なくなりました。我が家を通り越して隣に行きました。村八分のようなものです。冠婚葬祭の案内もなく、どこか別のところにいるようなものでした。

「かまど消しだから相手にするな」と言われました。「かまどの火を消す」という意味で青森では「破産者」を意味します。

世間というものは私を「かまど消し」「ろくでなし」「アホ」と言って罵倒しました。「ドンパチ」とも言われて意味がわからないので、実家に行ってお袋に聞いてみました。するとバカよりたちの悪い、手に負えないバカのことを「ドンパチ」ということがわかりました。

この地方では江戸時代から使われていた言葉らしい（我がご先祖様に大酒飲みのじいさんがいて、どこへ行ってもケンカをしてくる。ケンカに負けると御膳にウンコをしてくる、そんなバカじいさんであったという。そのじいさんが死ぬ前に「いくら酒飲んでもいいから、よそ様でウンコだけはするな」と遺言したという漫画みたいな話が残っているそうです。その時初めてドンパチという先祖の存在を知ったというわけです。私はドンパチの末裔です）。

この農業をやる前は、友達が「木村どうしてら」「堆肥こういう状態だけど見でけねが」とよく来たものです。そうした友達がだれも来なくなりました。

ダルマという自動車販売をしている太田昭雄さんだけが時折、訪ねて来ては黙って手伝いをしてくれました。だから私の貧乏のどん底もよく知っています。

三人の娘の授業料を払えず待ってもらいました。子供が先生から言われてすごく不憫でした。何一つ買ってあげたものがありません。娘たちは一個の消しゴムを三つに分けて使っていました。

食べたことがないお父さんのリンゴ

当時小学六年生だった長女が「お父さんの仕事」という題の作文で、「お父さんの仕事はリンゴづくりです。でも、私はお父さんのつくったリンゴを一つも食べたことがありません」と書きました。これにはズシンと来ました。食べさせたくても一つも実らないから食べさせてやれないのです。

あの頃、家族はちょっとバラバラになりました。今日一日をどう生きるか、女房も胸を痛めていたことでしょう。私が悪いのです。私がこういう無農薬栽培というものをやらなければ、家族もこれほど苦しむことはなかった。この頃女房に「いつ別れでもいいから」と言ったことがあります。こんなバカと結婚して、このままでは幸せになれないから、再婚してやり直してくれと。女房はウンともスンとも言いませんでした。

何度もやめようと思いました。ところが雪が消えて春が来ると、今年一年やらせてくれないかと女房に言っていました。女房は私が一度言い出したら聞かないことをよくわかっていました。

これほど家族を苦しめても無農薬をやめなかったのです。

一度、女房に「これを最後にもうやめよう」と言ったことがあります。それを女房から聞いた長女が「じゃあ、今までなんで我慢してきたの」と問い詰めたそうです。

そのずっとあとで長女がこう言ってくれたのです。

「お父さんのやってきたことはすごいこと。答えのない世界でゼロから始めてここまで来た」。うれしかったですね。

実家の親父はやめた方がいいと何度も言いました。世間体もあったでしょう。会合で「おまえの息子は……」と責められる。おふくろは失敗してもやめなくていいと言った。「信じた道を歩けばいい」。戦前の人でろくに学校も出ていないのに、ふとした時にいいことを言う。「貧乏してもいいから、路傍の石のように生きろ」と。山本有三の本を読んでいたのでしょう。

吾一少年にたとえれば、「たったひとりしかない自分を、たった一度しかない一生を、ほんとうに生かさなかったら、人間、生まれてきた甲斐がないじゃないか」。尊敬しますね。食えない時にまだ夜が明けない頃、こっそり家の前に味噌と米を置いていってくれました。

そんな時に畑で今までの大事にしていたものを焼きました。こんなのに期待するから、リンゴの栽培に力が入らないいんだという思いからです。女房が必死に「これ焼かない方がいい」と、税理士試験の通し番号が打ってある再発行できない再受験証をどけようとしました。自分の中でどこかに逃げ道を求めるからと、畑でみんな焼きました。これでまだ飯を食おうとするからと、ソロバンも焼きました。昔は暗算しながら電柱にぶつかったこともありました。それほど頭の中でソロバンの玉が動いていました。今は電卓の方がよくなりましたが。

北海道を転々出稼ぎ

結婚後、冬の間は北海道に出稼ぎに出掛けました。二カ月が過ぎ女房に電話をすると、「どごさ行ってだの？　生きでるの」と言われました。北海道の深い森の中で山の木を切る仕事です。朝三時に起床。白老町《しらおいちょう》、別海町《べっかいちょう》、有珠山《うすざん》、岩見沢と零下二〇度近いテントでアイヌの人と一緒に伐採を続けていました。そんなところですから家族とは音信不通でした。指先が真っ白になり、感覚もなくなります。今でも指が痛みます。いわゆるチェーンソーの振動による白蝋病でした。北海道は無収穫時代に何度も出稼ぎに行き、くまなく歩きました。

建設会社の下請けで、夜間に新幹線のレールを交換する補修工事をやったこともあります。関ヶ原―米原間、京都などにも行きました。線路補修のタンパーという機械を持って歪んでいるところに砂利を入れてレールの整備をしました。現場監督に何度も「いかん、いかん」と怒鳴られました。長距離トラックの運転手として東京や大阪、北海道を昼夜走り回ったこともあります。

百姓は百の姓（仕事）という意味です。いまだ未熟の十姓くらいなのですが、こうした経験がすべて農業で生きています。電気をいじり、バイクで遊んだこと、クルマのエンジンのとりこになったことで、農業機械関係は全部自分で修理、整備できます。北海道での山子《やまご》（樵《きこり》など）の仕事も百姓仕事には欠かせないことばかりです。それが今の人生にものすごく役に立っています。

私の一年間の支払いを見ても、まず修理代がありません。全部自分でやるからです。部品代というものは安いもので、それが千円なら工賃一万円というようなものです。機械農業の時代ですが、メカニズムを考えていない人が多くなっています。農家の人は壊れるとすぐ修理工場に持っていく。確かにそれで修理工場は成り立っていますが、農業事情が厳しい時代に入っているだけに、百姓ももう少し機械を知っていてもいいのではないかと思います。隣の畑の竹谷誠さんのスプレーヤーが壊れた時、私が修理してあげました。今、竹谷さんは自分で直しています。

あのお金がなかった時、スクラップ屋で古い農機具のエンジンを買ってきて、いいところだけを組み立てて使いました。一台だけ記念にまだ残しています。マコーミックの英国製のトラクターもあります。エンジン始動の予熱がいりません。一九四九年（昭和二十四年）生まれ、修理して健在です。天然記念物です。

畑を荒く耕す時は、その大きい機械はすごくいい。よそで田んぼを教える時にも使います。昔のトラクターだからロータリーの回転が遅く、構造が単純に作ってあり田んぼに最適です。でも足が届きません。ハンドルにしがみついてクラッチを踏みます。今も時間があればトラクターのヘッドを外し分解して調子を見ています。

毎日が虫との戦い

最初は害虫の卵すらわかりませんでした。いろんな本を読み、リンゴ試験場から栽培歴をもらい、写真と実物を見比べましたが、印刷だから色がちょっと違います。毎日毎日虫との戦いです。目の前で絵を描いて、後で図鑑と比べたりしました。どこから、なぜ、これほどの虫が湧いてくるのか。虫をいくら取っても終わりません。当時、家族みんな手作業で取りましたが、一本の木から取れる虫でスーパーの買い物袋がすぐ一杯になりました。

あまりの多さに虫に警告を出したことがあります。

「これ以上被害を与えたら怖い殺虫剤を散布する」

これ、真面目にやったんです。

なんというやつらだ。警告を書いた段ボールにハマキムシやシャクトリムシが卵を産んでいます。しかし、それでハマキムシの卵だとわかりました。その段ボールを木に下げていなかったらリンゴの木についているのがわかりませんでした。卵は木の幹の色をした保護色だからです。段ボールは黄土色で、卵はねずみ色だからわかったのです。

これがハマキムシか。虫を知るべきだと思いました。家から虫眼鏡を持ってきてピンセットで卵塊の数を数えました。最低五十個、それが寄り添うようにきれいに並んでいます。『ファーブル昆虫記』にも載っていないと思います。

木の幹に産み付けられた害虫の卵塊からなぜか十センチくらい離れたところに、必ずテントウムシのオレンジ色の卵がありました。害虫が孵化するのを益虫が待っている構図です。

害虫はいっぺんに孵化しません。半分は先に孵化して半分は後から孵化します。先に孵化した虫はどんどんリンゴの葉っぱを食う。その虫が一センチくらいになるともう半分が孵化し、そのタイミングでテントウムシが孵化します。

先に孵《かえ》った半分の害虫は大きくなって生き延び、後の孵ったばかりの半分はテントウムシに食べられるために生まれてくる。そういう風になっているのです。

害虫と益虫の不思議なバランス

害虫がたくさん害を及ぼすようになると、初めて益虫が出てきます。しかし食べ尽くされることはなく害虫も益虫もいっこうにずっと消えない環境を作っています。すごいなと思います。こんなプログラムをだれが組んだのか不思議で仕方ありません。

じっと虫眼鏡で顔を見ます。ハマキムシはつぶらな瞳をして意外にかわいい。その大きな目でじっと見られると憎っくき敵なのに殺せなくなって、葉っぱに戻したこともありました。益虫の顔はどうかと思ってクサカゲロウを見ると、これがまるで怪獣映画に出てくるような顔をしていました。

考えてみれば葉を食べる毛虫は草食動物だから穏やかな顔で、虫を食べる益虫は肉食動物だから獰猛な顔をしているのかと納得しました。

もっとも自然の中では害虫も益虫もありません。食うものと食われるものがいて、自然はバランスを保っています。虫を見ていて自然の原理を受け入れられるようになりました。

葉っぱの裏を見て白いなと思ったら、卵から孵化します。そうしたら二、三日で虫が出てきます。茶色とかの色がついていたら、当分孵化しないと判断できます。孵化したハマキムシのオスは時計回りに上から下へ飛びます。いつも見ているとわかるようになります。メスは左回り、最初から卵があり、受精したらすぐ産めます。メスは動きが遅い。シャクトリムシは水平に横に飛びます。虫によってみな違います。

一日中虫を眺めていると様々な発見がありました。葉っぱを食べながらあれほど忙しいふりして、いつどこで呼吸しているのかと思いました。休まず食べる虫のわきの下辺りが動いています。どうもそこで呼吸をしているようだ。前足のところをつかんだら死にました。

私の観察で犠牲になった虫は何万匹にもなります。腹の真ん中辺りは、虫を置くとまた元気に動きます。それで、人間で言う肩の辺りに口があるのがわかりました。気口でした。虫眼鏡でそれを確認しました。

以前使っていた農薬の粉を溶かして一滴そこに置きました。すると虫は気口を閉めて体を縮めます。農薬を散布した隣の畑を見に行くと、虫は体を縮めて呼吸をしないようにしていました。死んだと思って満足しているのが人間です。

弘前大学の農学生命科学部の杉山修一教授に聞いてもらったところ、昆虫専門の先生もそこまで知らないと言われました。農家の人も知りません。農薬の使用が常識化してしまい、虫を知る必要がなくなりました。農薬は虫が出たら撒けばいい便利なものです。無洗米の登場によって米の研ぎ方を知らない人が出てきても、驚かない世の中なのです。

虫は隣の畑から飛んできた

隣の畑の生産者に「あんたのところにいっぱい虫がいて困る」と言われました。「だからあんたの畑を勝手に歩いて農薬を散布した」。そういうことがありました。

そして「もう無農薬をやめろ、農薬を撒かないからおめのどこから虫（蛾）が来るんだ」。あんまり苦情を言うものだから、隣の親父さんに「畑の境界のところで蛾がどっちから飛んで来るが二人で黙って見でるべし」と言いました。その人は「木村、うちには虫一匹いないんだよ。うちの畑にいる虫はみんなあんたの虫だよ」。

夕闇が迫る頃でした。農薬たっぷりで虫がいないはずが、隣の畑から次から次へと数えきれないほど蛾が飛んできました。私の畑からはただの一匹も飛んでいきません。その生産者はそれからただの一言も文句を言わなくなりました。

蛾というのは夜行性だから、お日様が沈んでから飛んで歩きます。あの時、カメラかビデオで撮影しておけばよかったと思いました。いくらでも飛んできました。これがみんなうちの畑で卵を生みます。驚愕の映像となったことでしょう。

秋になれば赤とんぼが集まってきます。クルッと回ってうちの畑の中に留まります。安住の地を得たかのようにです。虫には隣も自分の畑もなく、住みやすいから飛んできます。パラダイスです。虫というのはそういうのを一番感知していて、私の畑を好き放題、天国にして激発したのです。

この虫は何歩、歩いたら休んだか、私は梯子の上にのってその虫を何時間も見ていました。周りの人はまた「木村がおかしくなった」と思っていたことでしょう。

ある時、田んぼの畦道に座ってイナゴが米にどれくらい害をするのか、一坪区切って何日も見ていました。最初は人が行くと逃げてしまいますが、何日も見ているとイナゴも「この人は害しない人」と馴れるのか、逃げなくなります。飛んできてイネを食べようとします。

それでわかったことは、オスはひとつもイネを食べないこと。メスは害を及ぼして

もそれが毎日でなく、産卵する前だけでした。どれくらいの被害かというと、一本のイネの百～百三十粒の米粒のうち、一番被害を受けた穂で五粒だけでした。

それなのにヘリコプターを使っての空中散布をやっています。おかげで別のカメムシやイネカメムシが発生し、益虫のクモが一匹もいなくなるということを繰り返しているのです。

とにかくリンゴは病害虫に弱いため、農薬の使用をやめてから様々な手を尽くしました。ハマキムシの越冬卵の駆除のため、使い古しのてんぷら油に石鹸を混ぜた液状のものを散布しました。これは思った以上に効果があり、液が付着した卵は呼吸できずに窒息死し、少しずつですが減っていきました。去年こうだったから、今年はこうやってみよう。あのハマキムシは去年こういう風だったから今年は三月に卵をとろうなどと、同じ失敗の中から手探りでやってきました。

やがてハマキムシを見ることはなくなりました。実に様々なことを教えてくれたこの虫のことを忘れないよう、また彼らに感謝の気持ちを表すために、私は自分の名刺や出荷用の段ボール箱に私が書いたハマキムシのイラストを載せています。

リンゴに謝って歩いた

無肥料、無農薬を始めて四、五年目の頃から、リンゴの木にほとんど毎日声をかけて歩きました。最初に農薬をやめた区画で樹勢が衰え、根元がグラグラ揺れ出しました。あの一番太い木が押すだけで転びそうになりました。木も我慢できない、土も我慢できない。元気だったのは草だけでした。その草を私は当たり前のように根こそぎ刈っていました。

リンゴの木に、はじめは一個でもならしてちょうだい、と言いました。リンゴの木はみんな口をきかない。私もリンゴ語がわからない。もしわかれば自分をこうしてくれと言えます。動物だったら体を横たえて動かないとか、日常のしぐさでわかります。木は葉の色、緑の濃さ、一年間に伸びる枝の長さなどで、この木は元気、あるいは元気がない、と判断するしかありません。

あの頃になると葉が全部黄緑でした。「もう一円もなくなってしまって肥料も農薬も買うお金がない。花も実もつけなくていいから、枯れないで耐えてくれ、お願いだから頑張って」という言葉より他にありませんでした。

その頃ある歌が脳裏をよぎりました。私の高校時代に流行った「若者たち」というフォークソングです。それは自分のことのように感じました。

自分は自分なりに精いっぱい努力しているのになぜ毎年失敗するのか。なぜ、自然は私を受け入れてくれないのだろうかと。苦しみました。悩みました。

そしてあることに気がついたのです。

「自分はリンゴによって生活をしている。自分が生活できなくなったのは、自分を生活させてくれたリンゴが苦しんでいるからだ。そしてそのリンゴを苦しませたのは自分なのだ」と。

私は自分も苦しいけれど、今まで耐えてきたリンゴの木に素直に謝ろうと思い、夕方家族が畑から帰った後、リンゴの木、一本一本にお詫びしながら私の気持ちを話しかけて歩きました。「すごい、頑張ったなあ」。

リンゴの木に触って、手の温もりを通じ自分の気持ちを伝えたのです。苦しみ続けた家族に謝る気持ちを木に託していたのかもしれません。

隣接している畑の人たちは「木村はとうとう狂った」と思ったことでしょう。

私の生活がどん底になったのは、私がリンゴの木をどん底に落としたからじゃないか、そう考えると、他人が何を言おうと、笑われようと、そんなことは耳に入りませんでした。四つの畑にある八百本余りのリンゴの木に話しかけるのは、全く億劫ではありませんでした。

リンゴに接しながら話しかけていくと、風もないのに小枝がフッと揺れ、私にはリンゴの木が「わかったよ、わかったよ」と言っているように感じられました。

その時、声をかけなかった八十二本の木は枯れました。

隣の畑で五人ぐらいが摘果作業をやっていました。畑の真ん中辺りで会話しているのが聞こえました。

「木村、バカになったんでないのか、だれと話しているんだ」

その声が聞こえたものだから、そこから恥ずかしくなって先に行けなくなりました。見栄を捨てたはずの男がまだ見栄を捨てきれていませんでした。そこで申し訳ないけれど、隣接園の近くの木には「以下同文」と省略してしまったのです。

その省いた木は耐えきれずに枯れていきました。スターキング五十本のほか、ジョナゴールド、フジもありました。

恥ずかしい話ですが、それらは市場で人気のない品種のリンゴが多かったのです。同じ品種でも声をかけたものは枯れませんでした。収穫とお金にだけ目を向けていたそれまでの自分に対し、リンゴの木が受け入れてくれなかったことに気づきました。リンゴは私の心の貧しさを教えてくれたのでしょう。私は感謝の気持ちが全く欠けていました。自分の勝手と愚かさ、情けなさを痛感しました。

枯れた八十二本の木は岩木山一周道路に抜ける道路沿いにあります。車が止まらなくてもいいのに「何やってんだ、捨てだ畑か」と、わざわざ止めて交わされる会話が全部聞こえました。そのため女房が目隠しとしてアジサイを挿し木し、垣根を作りました。

私は原理原則、基本の基本を求めて帰らぬ旅に出ていったようなものでした。リンゴはバラ科。バラ科はどこが原種だったか。どういうところで育っていたか。岩木町の図書館に毎日通いました。コピーをとるにもお金がありません。新聞のチラシに書き写しました。百科事典も出版社によってちょっと表現が違います。リンゴのページを開いてバラ科の「バ」を開いてという調子で、どこまでも調べていきました。

なるほどと、原理的なことはわかってきました。では実際、現場で何をしたらいいのか、それがわかりません。数多くの失敗があり、人より多く失敗したからできたのです。だから失敗は多くすればするほど後でよくなるのです。

女房に「流す汗に無駄はないよ。必ずいつか返ってくるんじゃないの」とよく言ったものです。そのように女房たちを洗脳し、自分にも暗示をかけないともう一歩も先に進めないような状況でした。

どん底の日々

世はバブルの頃。農作業ができない冬、以前勤めた川崎の会社の近くに日雇いの労働者が集まっているのを知っていました。公園に寝泊まりし、港で荷揚げ作業をするのです。会社の知り合いに顔を見られないように手拭いで頰かむりしました。

東京・神田でリヤカーを引いて段ボールの古紙を集めたこともあります。縄張りがあって大変でしたが、一日七千円くらいになったと思います。それでも借金のために右から左へ泡のように消えました。

一緒に働いていた人はごみをあさって食べ物を探していました。そこまではという思いでしたが、風呂にも入らず浮浪者同然の生活でした。一度、「おまえ三上じゃないか」と言われて驚いたことがあります。「いや違います」とシラを切りました。養子になっていて木村姓でしたから。びっくりしたのなんの。高校の一年先輩でした。所在なく日本海側にある鯵ヶ沢《あじがさわ》の海までバイクに乗って出掛けたこともあります。生活からの逃避のようなものです。黙って岩に座っていると、波が来て何度も浴びました。そこで見たこともない昆布を見つけました。そうめん昆布というらしい。小さいのが岩にひっついています。あのちっちゃいのが強い波に打たれながら離れていかない。なんてこいつ強いのかと思いました。

寄せては返す波の力を見ていると、「波はあの消波ブロックを動かしている。なんとすごい力なんだ」とまた感心する。ぶつかってくる波、石、この海水は岩をも削るんだよな、とか。ほんの一瞬だけ悩みも忘れ、感動しています。人目につきたくないから危ないところまで出掛けていったのです。気づかないうちに満潮になって、ずぶぬれになったこともありました。

我が身を振り返れば、「何の力もない」と卑屈な思いで一杯でしたが、日本海に沈む夕日は巨大で、そのでっかいお日様に何度も慰められました。

大豆で土壌改良を試みる

無農薬を始めて六年目、畑は最悪の状態でした。二十九歳の時から化学肥料も農薬も全く使っていませんでした。堆肥はそれでも三年くらいは使ってきました。もみ殻堆肥でした。ところが結果が出ません。無農薬をやり始めてから、堆肥は目に見えて効果がないことがわかってきました。「堆肥迷信じゃないかな」と思いました。

これ以上周りに迷惑を掛けられないと堆肥をやめて、土壌改良の最終的な方法として、「大豆」を蒔いてみようと思いました。

ところが、リンゴの本を買うつもりが、間違って大豆の作り方という本を買ってしまいました。農文協で出している『新しい剪定法』という本を買うつもりでした。

家へ帰って本を見たら当然のごとく大豆のことばかりでした。大豆は大気中の窒素を固定するので、大豆を作るのには窒素はいりません。どんなやせた土にも育ちます。そしてその要諦は「土を肥やしていき、土に十年間は生きる」というようなことが書いてありました。

子供の頃から「豆を植えると土地が肥える」と村の年寄りがよく言っていたのを思

い出しました。これじゃないかと思いました。

肥料も堆肥も使わない。豆によって土を肥やせばいい。普通の大豆は高いので、秋田の八郎潟から飼料用のクズ大豆を買ってきました。二十キロで二千五百円でした。大潟村は減反政策でたくさん大豆を作っていました。

三十五袋買って二十二袋を畑にばらまきました。

蒔いた途端に山鳩が数え切れないほどやって来ました。鳩にだれもここに大豆があると教えたわけではないのに、次々とやって来ます。その年はリンゴの木が鳩の巣で一杯になりました。

鳩は胸を極限にまで膨らませても、まだ食べています。

このままだったらよくないなと思い、浅く耕起してまた植えました。一センチか二センチ、豆を土でまぜるだけで芽が出てきました。頭をもたげるようにして。

リンゴがなっていないものだから、その芽を出す大豆がかわいくて仕方がありません。足を踏み入れるところがないほど一面大豆畑です。つま先立って気を使って歩かねばならない。家族もみんなそうして下を見ながら歩きました。

過密植のため、大豆がモヤシみたいになっていましたが、それでもみんな豆をつけてくれました。枝豆です。一本につく豆は少なかったのですが、それでも畑一面、数が多いものだから、リンゴの木の下一本の周辺を刈れば、トラック一台の枝豆を収穫できました。あげるところがないほどあちこちに配って歩きました。食っても、食ってもきりがないほどでした。

作業は忙しく、徒労感だけが残りました。

第3章　死を覚悟して見つけたこと

田んぼも手放す

もがけばもがくほど底なし沼に沈んでいくようでした。やることなすことすべて駄目になって、私はもう半分気が狂いそうでした。ノイローゼ状態だったと思います。電気もつけず作業小屋に座っていました。床はコンクリートです。なんで私がそこに座っていたのかわかりません。ほとんど毎晩座っていたようです。女房は怖くて声をかけられなかったそうです。

ぽつんと座っていると、二人の自分が現れて問答を始めます。

「無農薬なんてやめろ。家族のことを考えろ」と責める私がいます。

もう一方は「頑張って続けるしかない。きっと何とかなる」と励ます私でした。

責めるほうが強くて私はさいなまれました。

今でも夢だったのかと思うことが一つあります。

あの作業小屋に座っていたら突然、目の前に行ったこともないグランドキャニオンのような絶壁が現れました。そこにお釈迦様のように胡坐《あぐら》をかいたまま下りていく。どこまでもどこまでも下りていく。同じ光景を何回も見たのです。夢でそんなことを見ていたのか。飛び込むのではなく胡坐をかいたまま下りていくのです。

女房にもこのことを伝えました。何を意味しているのでしょうか。いろんな悩みや考えごとがいっぱいあって自分を追い詰めていたから見えたのでしょう。

経済的にも限界でした。現金収入がないので税金が払えませんでした。農協の出資金を回してもそれで足りるはずはなく、家財や畑は差し押さえの対象になり、頻繁に裁判所の調査員が来るようになりました。二反（二十アール）あった田んぼも手放さざるを得ず、生活のために欠かせなかった十八俵とれる田んぼがなくなるのは大きな痛手でした。

競売にかけられ、その度に金を借りてはその場をしのぐだけでした。徒歩十分の実家へも何回も金を借りに行きました。母親は私の理解者でしたが、親戚の手前、居留守を使うこともありました。玄関のすりガラスを通して見えたオロオロする母親の姿に、私は犯罪者になったような気持ちになりました。一緒に連れて行った子供には「おばあちゃんは用があって出掛けているんだべ」と誤魔化し、手を引いてとぼとぼ帰りました。

畑周辺からの苦情も多く、親戚からは「家を出ていけ」とののしられ、岩木町で一番貧乏な家と名指しまでされました。「あいつはバカだから口をきくな」。これ以上、家族に迷惑はかけられない、万策尽きたと思いました。

完全に畑全部で無農薬・無肥料の栽培に移行してから六年目の七月三十一日の夜のことです。

「リンゴの自然栽培は絶対にできる。必ず答えがあるはずだ」と強く信じてきたのですが、いっこうに改善されない畑の、あまりに厳しい現実に私は打ちのめされていました。

近隣の農家からの苦情を聞きたくないので、いつもみんなが引き揚げるまで、リンゴ畑で虫とりをし、顔を合わせないようにしていました。その日も周りから人の気配が消えて夕闇が迫った頃でした。

私はリンゴ箱を軽トラックに積む時に押さえるロープを出していました。収穫ゼロで、もう六年も使っていませんでした。これぐらいでいいかと一束のロープから三メートルばかりを切り取りました。そして山道を登り、カヤをかき分けて奥深く入っていきました。

死んでお詫びをしよう

死んでお詫びをしようと思ったのです。

私の畑は海抜百九十六メートルです。長靴のまま岩木山の中腹を急激に登って、沢を二つ越しました。登って下ってまた登って下る。木につかまっていかないと下りられないようなところもありました。やがて後流川の源流が出てきました。十メートル幅の川水が流れ、急流に石がゴロゴロしていました。水の中の岩はよく滑ります。その川で二回ほど転びました。今だから言えるけれど、これくらいの深さの川でも必死に助かろうと思ってバチャバチャやりました。立ち上がって、ああ、なんだ、これくらいかと思いました。ちょっと冷たかったけれど、それほど寒くもありませんでした。何度か行きましたが、イワナ、ヤマメがこれほどいるのかと思うほどきれいなところです。

その川を越えると十メートルの絶壁になって急に高くなります。草木や岩につかまってやっと登っていくとまた平坦になります。迂回すれば楽に登れるところもあるのに、その時はただ真っ直ぐに行くことしか頭にありませんでした。ただ真っ直ぐ、高い低いはおかまいなし。奥へ奥へと死に場所を求め二時間ちょっと彷徨しました。明るい満月でした。弘前の夜景が眼下にまたたいていて、きれいな夜でした。巷はねぷた祭りの前の晩で、子供たちは今頃どうしているかなと脳裏に浮かびました。不思議に怖いとか悲しいとか、そういう気持ちはありません。「周りの人には何の恨みもない。俺が常識外れのことをしてしまったからこうなった。本当に自分勝手な男だった。家族にも親戚にも申し訳ない」。そういう思いでした。

もうこのあたりでいいかと見回すと、ちょうどいい具合の木が見つかりました。よし、ここで、とロープを枝に投げたら、勢い余って指からすり抜けて飛んでいきました。何てドジなんだと思いながら、ロープを拾いに斜面を少し下りようとして目を上げた時です。月光にリンゴの木が浮かび上がっている。まるで自ら光を放ちこちらを見てくれと言わんばかりに、その木は輝いていました。

岩木山は昔、農林省の食糧開発事業で中腹まで開拓されています。登ってくる途中にも軍馬の草刈り場（牧場）の跡があり、放置された小さなニンニクの畑が広がっていました。農地のほとんどが自然に還っているところです。

ドングリの木がリンゴの木に見えた

「えっ、こんなところにまだリンゴの畑があったのか」

人の手が入らなくなって久しい見捨てられたリンゴ畑だと思ったのです。夢か幻か。もう自分が何のために山に登ってきたのかも忘れてしまいました。実はこの辺はドングリの木がはえる高さの限界でした。毎日、リンゴのことばかり考えていたから、ドングリの木がリンゴの木に見えたのです。

とにかくその木は自分のリンゴの木とは全く違い、虫の被害もなく、見事な枝を張り、葉を茂らせていました。私はその魔法の木に一瞬にして目も心も奪われました。

こんな山の中でなぜ、農薬を使っていないのにこれほど葉をつけるのか。なぜ虫や病気がこの葉を食いつくさないのか。その木の前に呆然と立ちすくんでいました。あたりはなんともかぐわしい土の匂いに満ち溢れ、肩まである草をかき分けると、足元はふかふかで柔らかく湿気があります。雨のせいではありません。クッションを敷きつめたような感触です。そして突然稲妻に打たれたかのように、「これが答えだ」と直感しました。

夜中近くなっていました。食べ物を口に入れなくなってからだいぶたっています。女房は心配して畑まで来て待っていました。山から私は息せき切って駆け足で下りてきました。そこで女房に「な（お前）、なんで来てるの」と言ったそうです。よからぬ予感を胸中に感じつつ、もしやと心配して来ているのに私にそう言われたそうです。

ところが、私は「答えがわかった」という喜びで踊り出したい気持ちです。「明日、明るくなったらまた行く」。女房には何のことかわからなかったと思います。

翌日、日が昇ってからまた同じ場所に行ってみました。このあたりだと見当をつけて行ってみると、前日のロープが落ちていました。リンゴの木と勘違いした自然のドングリの木は、私の無残なリンゴとはまるで違う元気いっぱいの野生児の顔でした。自分の畑との決定的な違いを再確認しました。なんとも言えない土の匂いです。バクテリアや菌がしっかり生きている匂いです。これが答えでした。

この土を作ればいい

雑草が文字通り草ぼうぼうの生え放題、伸び放題で、地面は足が沈むほどふかふかしている。「やっぱり土が違うんだ。そうだ、この土をつくればいい」。ほんわかと柔らかく温かい土を手で掘って袋に入れ、匂いが飛ばないようにきっちり口を閉めて持ち帰りました。

その土の匂いと自分の畑の匂いを比較して、山の土に近づけるにはどうしたらいいか、万策尽きたはずなのに、もうやることがそれこそ山ほど出てきました。

それまで木の上のことしか見ていませんでした。雑草を刈り、葉の状態ばかりが気になって、根っこの部分は全くおろそかにしていました。雑草は敵だとずっと思いこんでいました。それがとんでもないことだったと気づき始めました。まさにコペルニクス的転回と言っていいかもしれません。

一般参考書に書いてあることで頭がいっぱいで、他を見ることができないほど視野が狭くなっていたようです。ここには浅はかな人間の知恵が入る余地はありませんでした。頭を空にして初めて、自然の生態を見ることができました。

ドングリの木の周辺に目をやると、そこは生命があふれ、すべてが循環しているのだと気づきました。ハマキムシのような害虫は見当たらないが、バッタやアリやチョウなど無数の生物それぞれが命をつなぐために互いに密に活動している。何一つ無意味なもの、邪魔なものなどない。ドングリの木もそれだけで生きているのではない。周りの自然の中で生かされているのだと気づきました。

そう思った時、ああ、人間も本来そうじゃないのかと感じました。人間はそんなことをとっくに忘れてしまっている。自分一人で生きていると勘違いしている。だから自分が栽培している作物も、農薬を撒くとどんなに自然の調和環境から逸脱して本来の姿から変質していくのか、少しも理解しないで突き進んできたのではないかと思いました。自分はこれまで何を勉強してきたのかと、この数年間のことを思わずにいられませんでした。

去年の秋、またあの山に登ってみました。だれもが急な沢の登りに音《ね》を上げてたどりつけないところです。ロープをかけて落としたドングリの木は大きく成長し、もうその横枝には手が届きません。二十余年の歳月を感じました。その木のわきに山桜があったのが忘れられません。

すぐそばにクマの新しいフンを見つけました。ハエが真っ黒にたかっています。あの時もきっと、クマが潜んで私のことを見ていたのではないでしょうか。帰りにはカモシカに出遭い、お互いびっくりしました。

私は死に損ねたわけですが、死ぬ気持ちでいかないと自然は答えを教えてくれませんでした。自然は残酷だと思いましたが、こうして生きて自然栽培のリンゴにたどりつくことができました。

私は何度も失敗して答えを得ました。失敗がなければ答えがないわけです。人よりも多く失敗したから答えを多く得た、ただそれだけじゃないか。私はバカだからそれを乗り越えた。リンゴも仕方ないと思ってくれたのでしょう。山の自然からのご褒美だったかもしれません。

有吉佐和子さんの『華岡青洲の妻』を読んだ時、ああ、これは私と同じだなと思いました。華岡青洲は麻酔薬の実験のために自分の母親と女房を犠牲にしました。リンゴの無農薬をやる過程で私も家族を犠牲にしていると心の中で何度も思いました。この栽培を許してくれた木村家のお袋も親父も、リンゴが実るのを見届けるようにして亡くなりました。よく「イエス」と言ってくれたものだなあと、当時のことを今でも思い返します。

下草を刈るのをやめる

この山の環境を再現すれば必ずリンゴは実るという確信がありました。

山のドングリの木の下で掘った土を参考に、自分の畑だけでなくあちこちの山の様々な場所をスコップで掘って比べてみました。

山の自然は何の肥料もやっていません。落ち葉とか枯れ枝が朽ち、それを微生物が分解し土作りをやっているわけです。

それをリンゴ畑にも応用しようと、まず土の下草を刈るのをやめました。人為的だったからです。春から一度も下草を刈らないようにしたら、草がすごく伸びました。最初はわきの下まで伸びました。大豆を蒔いていたリンゴ畑には、木の根元に多種多様の草がはえ、その中に大豆も元気に伸びているという具合で、ジャングルのようににぎやかになってきました。

誰が見ても木村は畑を捨てたと思ったでしょう。もう「粗放」だと。

ところが、その草が伸びた頃、初めてリンゴの木の葉っぱが落ちませんでした。下草がリンゴの葉を病気から守ってくれたのです。斑点落葉病などで八月に枯れ木同然だったリンゴの木が病気に耐えて頑張ってくれたのです。残ったたった一枚の葉っぱにも家族全員がありがたいと思う毎日でした。畑は、もう目に見えて変わっていきました。

通常、夏場の暑い時には土の表面温度は三五度にも上がります。それ以上になることもあります。ところが、草ぼうぼうの畑の土の温度は一〇度くらい低いのです。外気温が三五度と発表された日、土の温度は二四度であったと思います。私はずっとデータをとってきましたから。

草を伸ばすと草の中の温度は下がります。夏場には旱魃になるのでみな畑に水をやりますが、私の畑では必要ありませんでした。草によって土が乾かないからです。

夏場の暑さは葉っぱや木をすごく弱めているんだなと思いました。だから病気に冒かされやすくなる。草を刈ると病気が発生する。刈らなければ発生しない。全く発生しないということではありませんが、少なくなります。

なぜか知らないけれど、リンゴの木がすごく喜んでいる感じがしました。

ゆったりと水風呂につかっているような、近くの川で泳ぐヤマメのようです。あの暑い時にいくら直射日光が当たっても、涼しく見えます。

ああ、こういうことかとわかってきました。四年も五年もかかって、やっと一つの足がかりがつかめました。秋になって普通の畑の一割ほどに過ぎませんが、木の先端部分にどうにか葉っぱが残ってくれました。

だんだん、だんだん草も変わっていきました。

青森でミズソバといい、秋田ではブタクサという草があります。すごく豚が好むそうで、レンゲ草の種類だと思います。とうとう草がミズソバになってしまいました。そうした畑の草の変化を見るにつけ、これはやっぱり草を刈ることがおかしいと確信しました。

草を伸ばしたら畑はこうなりました。

野ウサギが走り回り、ウサギの自由の楽園と化しました。

それからやって来たのがテン、イタチで、野ネズミの宝庫にもなりました。

普通ミミズは、土の中の表面から五ミリ下くらいを歩きます。ひょっとしたら一、二センチ下で動いています。

ところが、草を生やすとミミズは土の上を歩きます。ミミズの一日に排泄するフン、どれくらいと思いますか？　ガラスのコップ一杯分です。太い大きなミミズならもっとすごい。

山へ行き土の上で草をかき分けその匂いをかげば、ツーンという独特の土の香りがします。山の土の匂いにうちの畑の匂いが近づけば、きっと完全な自然栽培ができるのではないか。そう思うとわくわくしてきました。

山の表土を手でつかんでウンッと握り、パッと開くと、ちょっと固まっている感じですが、手で押すとさらっと崩れます。そういう土です。

私の畑の土はどうかというと、それまでは手で握っても崩れませんでした。それがどうなったかというと、握って押すとさらっと崩れるようになりました。ほとんどがミミズのフンでした。粒々の小さい団粒状になっています。ミミズがいるようになってそれほど土が変わってきました。

リンゴにつく虫を捕り、変化していく畑の様子を見ながら考えました。自然界のバランスは自然そのものの営みによってでき上がっていくもので、人間はせいぜいその営みがスムーズにいくように環境を整えてやるくらいしかできない、と。そのことを間近で学んでいきました。私の畑の草は七回生え変わりました。

リンゴの木の下は大豆畑

草を伸ばし放題にし、リンゴの木の下は大豆畑になってしまいました。「なんだ、これ」と周囲の人にすごく笑われました。「木村、な（お前）、リンゴづくりやめるんだな。リンゴ畑、豆畑にするんだな」と。挙げ句は「豆腐売るのが？」とからかわれました。

夏場、大豆が大きく伸びて日を遮るためか、雑草はいくぶん抑え気味になり、確認のために大豆を引き抜いてみると、根には根粒菌がびっしりついていました。秋になってもう一度引き抜くと、今度は根粒菌は一つもありません。生き物の力で固定されていた窒素が痩せた土に養分として沁み渡っていったのでしょう。

豆の葉が落ち、その葉に覆われた下の土にも弱い光が届いていきます。お日様が届いたところに虫たちが集まっています。

大豆は一冬そのままにしました。翌春どうなったと思いますか。

「ジャックとマメの木」のお話にあるように、豆の茎はすごく硬くなります。豆の茎はカッターが壊れるほど硬いものなのに、畑にはただの一本も残っていませんでした。

野ネズミが、全部食べて粉にしてしまったからです。

この雪の中で春一番に草取りをして土に返そうかなと思っていたので、びっくりしました。それほど野ネズミがいたということです。

翌年も大豆を蒔き、下草は刈りませんでした。相変わらずハマキムシとシャクトリムシは暴れ回っていましたが、リンゴの木は見違えるように元気を取り戻していきました。

この年は通常の木の三分の一ほど葉っぱが残り、一年後に一本だけですが、七つの白い花を咲かせ二個のリンゴを実らせて、私や家族を感激させてくれました。

娘にとって初めての「お父さんの作ったリンゴ」となりました。

そして翌年の一九八八年（昭和六十三年）、ついに最初に無肥料、無農薬に移行した畑が満開の姿をみせてくれたのです。

腐らん病がなくなる

この栽培をやって気づいたのは、リンゴの大敵である腐らん病がなくなってきたことです。腐らん病は枝や幹の樹皮が腐ってしまうもので、カビが病原菌です。飛散した胞子が剪定跡や摘果跡などの木の傷口につき、放置すると最後には枯れてしまうやっかいな病気です。

リンゴの木には自然の山の木のように苔が一杯生えてきました。リンゴの木の表面を苔が覆っているので、腐らん病の菌が来ても発生しないのではと思いました。

自然の山と同じ働きです。公園のサクラは今、薬をかけるようになりましたが、昔は苔が一杯生えていました。石を切り出し山に置いておくと、緑がかった苔が生えてきます。ただこの苔にはひとつ悪いことがあります。黒星病の菌が集まる場所になるのです。

腐らん病対策として泥巻き法（患部に土を塗ってビニールを巻く。一番安い原始的対策）という方法があります。木に巻いているビニールをはがそうとして、いくらやっても泥が落ちてこないことがあります。無数のミミズの巣になって土が落ちてこないのです。これでは作業がしにくいので泥巻き法と別のやり方でも対処します。ヒノキから取れるヒノキチオールを使います。自然界からとったものは自然に返しても全く無害です。

泥巻き法は重労働です。「もっとおっつけろ。早くビニールよこせ」。女房と夫婦げんかになることもありました。

この十年ほどは、ワサビの抗菌成分を利用した樹木用の塗布剤と泥巻き法を併用しています。京都のサン・アクト（小島愛一郎社長）という会社が製造する「樹木の味方」という製品で、この製品開発に協力させていただいたことがあります。農薬に指定されていないので、薬事法の関係で腐らん病に効き目があるとうたってはいけないのですが、樹木の治療を行う樹木医さんによく利用されているようです。

黒星病は葉っぱや果実に黒っぽいススのような斑点ができ、進行すると果実がコルク状に変質してしまうもので、依然、警戒すべき恐ろしい病気です。

黒星病予防には食酢を使って対処しています。通常の食酢は高いので、酸度一五％の廉価な醸造酢を使います。殺菌効果が高く斑点落葉病の予防にもなります。葉の成長に合わせて希釈倍率を変えながら、これを小麦粉の糊をまぜた展着剤と一緒に散布します。同じ濃度で散布を続けると病原菌が耐性を持ってしまうので、その都度、二百倍から八百倍まで希釈します。

酢の効果が出るまで六年も費やしました。ただ漫然と撒いても効果は薄いのです。

黒星病予防のため酢を希釈して散布する

リンゴの成育状況と病原菌の進行状況を考えながら、適した濃度でタイミングよく散布しなければなりません。殺菌力はあってもごく弱いものなので、細菌やカビの生態をよく知りその先手を打たなければなりません。長い時間観察してようやくわかるようになりました。

散布の時はかなりきつい匂いがしますが、農薬と違って体にかかっても別段問題はありません。何より安全です。しかし、この年になって全身酢まみれの手散布はかなりしんどい作業に違いありません。散布のタイミングがずれると大きな被害にもつながるので必死です。今はこの酢で病害虫を抑えていますが、やがて木が病気への耐性を持てば散布しなくてもよくなるのではと思っています。

近頃、疑問に思うのが酢を私のように利用すると農薬に準じ特殊農薬扱いに分類されることです。これは世界で日本だけです。私は酢を何百倍にも薄めて散布しています。同じ酢を人が食べると健康食品で、栽培に利用すると農薬だそうです。何か変と思いますが、法律で定められていることですから、従うしかありません。

草ぼうぼうに教えられる

今の農業は観察する力を失っています。土の上だけ、目に見えるところだけしか見ていません。人間はわからないところ、見えないところに目をやろうとしません。専門家がそこに目を向けても、総合的に見るのではなく、根一本だけを見て物事の結論を出そうとしているのが今の社会ではないかと思います。

ある人が何年畑をやってもあんたみたいにできないと言いました。私は「じゃ、土の中を見たか」と言いました。

私も例外ではありません。ただ毎日が失敗の繰り返しだからわかったのです。常識や人と反対のことをやってきたから答えにたどりついたと言えなくもありません。たとえば、畑を草ぼうぼうにする前、県が発表する栽培方法では「下草を丁寧に刈り取りしなさい」というのが絶対でした。私もそれに従い、髪でいうと五分刈りをしてきました。県の指導はリンゴの木などの作物と雑草の間で養分の競争が起きるから、雑草は丁寧に刈り取りしなさいというものでした。

畑の周辺部分に枯れた木を隠すため女房が植えたアジサイの生垣がありました。そこにナシ、ブドウ、モモ、シュガープルーンなどを植えていました。これは家族がささやかに食べるための果樹でした。

虫取りがあまりに忙しいので、そのあたりの根元は草ぼうぼうにして放っておきました。それでいて毎年、果実がよくなりました。ところがリンゴについては土肌が見えるほど草を刈っていました。雑草を刈るのはリンゴのためと思っていました。でもいくら刈ってもリンゴは元気になりません。なにか違うのじゃないかなと思いながら、その違いがわかりませんでした。それほど私の観察が不十分なのでした。全体を見ていなかったというわけです。

リンゴの木が私に「勉強が足りない」と言っているようなものでした。確か戦時中に流行した標語にあったと思います。「足りない、足りない、工夫が足りない」。「自然から学べ」と言いますが、あちこちの山を見ても私の目には答えらしきものは何一つ見えず、参考になる書籍もありませんでした。「自然の中にはまだ私の知らない何かがある」。どん底生活を続けながらも、私は見えないものを探し求めました。

そして万策尽きて、死ぬ覚悟で登った岩木山の山奥の草ぼうぼうの自然に教えられました。何回も山へ足を運び、土の匂いを確かめ、そしてなんと帰ってきてみたら、身近なところにナシ、ブドウ、モモ、シュガープルーンという草ぼうぼうのお手本があったのです。

これらの果樹がみごとな果実をならしていたので、「リンゴもきっと実る」と思い、頑張ってきました。まさに木を見て森を見ずでした。自分はなんて愚かなのだと思いました。

七、八月の暑い日、温度を測ってみたところ、草のところの温度は、外気温が二八、九度の時、いつも一八度から二四度の間でした。一方、刈り取ったところは反射熱があるのかもしれませんが、三〇度を超えていました。

これではリンゴの木も暑いだろう。人間や動物は暑いと日陰に移ることができるけれど、樹木たちは移動できません。もしも自分が木だったら、と考えるようになりました。

もし私がキャベツだったら、もし私がトマトだったらと自分を作物に置き換えてみると、草ぼうぼうにしているということは、日陰をつくっていることじゃないだろうか。

これは間違っていないと思いました。

キャバレーでアルバイト

リンゴの無収入、無収穫時代の九年間は長かったです。

我が家では畑の草を食べていました。オオバコは天ぷらやみそ汁の具に、ハコベは湯がいて醤油をかけたり、ゴマ醤油であえたりしました。ツクシは酢の物、スギナはお茶にして飲みました。雑草に助けられていました。女房には一カ月三千円しか渡せませんでした。なんとか少しでも稼ごうとアルバイトを始めました。

これもリンゴが頑張って答えを見せ始めてきたからです。夜ならリンゴにつきっ切りでなくてもいいかなと思いました。

最初は弘前のパチンコ屋に勤めました。農作業の後の夕方五時から十時まで毎日働きました。しかし、八カ月勤め、風邪をひいたら「もう来なくていいよ」とクビになりました。

それでキャバレーで働きました。最初家族には「観光関係」と嘘をつきました。家内は毎朝よく迎えに来てくれたものだなと感心します。キャバレーには駐車場がなく車を置けません。最初は観光名所で有名な長勝寺のところに止めておいたのですが、警察が来て撤去すると張り紙を張りました。それで女房が迎えに来るようになったのです。女房はよく耐えてくれました。

夕方の六時半、ホステスさんと「おはようございます」の挨拶をして仕事が始まります。ホステスさんが帰った後は、便所掃除の仕事がありました。間違った考えですが、店の掃除は女性がやるものと思っていました。そうしたら女性は客の接待だけで、あとは全部男の仕事でした。

コーヒーにはスプーンを使いますが、ジュースやカクテルにはかき回す棒があります。「マドラー持ってきてちょうだい」と女の人が言います。「マドラー?」何のことかわかりませんでした。聞くに聞けません。あとでわかりましたけれど、手帳に「マドラーとは、いわゆるかます（かき回す）棒のこと」と書き、その絵を付け加えました。

ホステスさんが、お客さんに「あんたはダメ、別の女の人に代えてほしい」と言われた時は、ライターをチカチカ二回つけます。私はその合図にも目を光らせなければなりません。「だれだれさん、何番テーブルに移ってください」とは言いません。

専門用語があって、「真っ赤に咲いたバラの花、だれだれ110番リストターン、何番テーブルお願いします」と言うのです。まだ覚えていますね。

ある夜すごく酔った人が来て、一人で困っていた時は、「ヘルプヘルプ。ビートルズだよ」。どうやらこうやら覚えて仕事になっていたようです。

店は業界大手の副支配人が経営していたピンクサロンでした。大の男ですから、女性のあられもない格好にびっくりしてしまいました。「きょうはタオル祭りやります」となれば、大きなバスタオルの下に何もつけないのです。ホステスさんは私を新米だと思っているから、スッポンポンでも平気で、目のやり場に困りました。

店には六人女の子がいました。私はみんなにお客をつけてあげたいと思いました。客が来なければ、外に出て客引きをやります。ヒューヒューと吹雪くとすごく寒いです。百円の缶コーヒーを買って、懐に入れてしばしの暖をとります。だんだん冷えてくるとコーヒーを飲みます。缶が空になると足で転がします。店には営業範囲があり、越えていくと他店の営業妨害となります。他店に悟られないように客を連れてきます。

こういう時に限って、いとこなどの親戚に見つかるのです。「また飲みに来てるな」。たいてい、親戚の人は格好でわかります。私はすぐさま看板の陰に顔を隠しました。

しかし、親戚はわかったようで、真っ直ぐこっちに向かってきました。まだリンゴが収穫できず、親戚からも無視されていた頃です。

「のり（秋則）、おめ何やってらんだば。な（お前）、こった仕事さねばまいねぐ（だめに）なったのな」

仕事に貴賤なし

酒臭い息を吹きかけながら、見下げたような言葉でした。私も夜の世界の水商売を低く見たことがあります。しかし、この世界に飛び込んでみて初めて、仕事に良い悪いはないと思いました。実家の母が「仕事に貴賤なし」と言ってくれた時、お袋がでっかく見えました。

人様に迷惑を掛けない限り、どんな仕事でもいいではないかと。自分の見栄を捨てること、これが当時の私に必要でした。見栄さえ捨ててしまえば、あいつはドンパチだとかかまど消しだとか言われようが、もうそれより下がないのですから、何と言われても耐えられました。

仕事にも慣れた頃、地回りのヤクザとトラブルになりました。客引きをした相手が、ヤクザとは気づきませんでした。すぐこれは店に入れるわけにはいかないと思い、何度も頭を下げて謝りました。しかし彼らは許すはずがありませんでした。

連れて行かれ、散々顔を殴られ気絶しそうになったその時、私は急所の足の甲を思い切って踏みました。ヤクザがしゃがんだ隙に逃げました。息も絶え絶えに何とか一台の自動車の下に潜り込みました。「どこへ行きやがった」とヤクザが集まってきました。最初は二人でしたが、車の下から八人分の足を数えました。

ホステスはみな「よく助かったね。お父さん、殺されていたかも」と、何とか帰り着いた私を労ってくれました。真面目に働いたせいか、ホステスさんにも「お父さん、お父さん」と慕われました。トイレ掃除は男の仕事でしたが、やがてホステスさんも「お父さん手伝うよ」と言ってくれるようになりました。

当時、弘前の歓楽街は農家の方で一杯でした。リンゴは金の生える木と言われるほど高値で取引されていました。どの飲み屋さんも景気がいいものですから仕事が終わった後、夜中の二時半から明け方の四時半頃まで他店の便所掃除に通っていました。バケツに洗剤、柄《え》つきのタワシ、ゴム手袋などの七つ道具を持って、便器一個五百円で洗浄させてくれませんかとお願いしました。丁寧な仕事をしたので評判はよく、一晩で二十個、多い時で四十個くらいやりました。そのお金は未納だった小学校の子供のＰＴＡ費に充てました。一円の重みをわからせていただいた気がします。

１１０番のリサさんの結婚式に呼ばれていったこともあります。夜の世界の人たちは人情深く、温かく接してくれました。月給は十八万円でした。パチンコ屋の三倍あったのはうれしかったのですが、ヤクザとのトラブルを機に一年八カ月勤めたキャバレーを辞めました。

店長からは「きっといいリンゴができるよ、頑張りなさい」と励まされ、特別に退職金五十万円もいただきました。

私が歯抜けになり講演でエアーが漏れるのは、この時ヤクザに顔を殴られ前歯を一本折られたことが発端です。このことを一生忘れないためにもこのままでいようと思いました。大げさですけど、人に殴られるようなことまでしてリンゴのために戦ったその証にしようと思いました。ところが、一本抜けたら周りの歯もグラグラしてガタガタになりました。ペンチで抜いているうちに上の歯がすべてなくなり、不精をして歯医者に行かなかったら下の歯までなくなり、歯抜け状態になってしまいました。それもこれも「自分の歯」より「リンゴの葉」の方が大事だったから、とよく冗談を言っています。みんなから早く「歯を入れろ」と責められます。

やがてそのキャバレーもなくなって、跡地は消防の屯所になっています。

私のリンゴの木は喜んでいる

長い間リンゴが実らなかったものですから、リンゴが実ってきた時、リンゴの木の働き、草の働き、土の働きに対して「ありがたい」という言葉がまず出てきました。

隣近所の畑の人から「あんたはリンゴの木を捨てでるから、リンゴの木がかわいそうじゃないか」と言われました。

草ぼうぼうにして、今度はいよいよ実るんじゃないかなという予測がついた頃でした。それは違います。私のリンゴの木は喜んでいる。肥料も入らないし、まるでリンゴの木は山の木のような姿、気持ちでいるんじゃないかな。根は養分こそ少ないかもしれないが、土は柔らかくなっていたから、自由に根毛を張り巡らしていける、と思っていました。

周辺の農家の人は「肥料使って農薬使って作るのが一番だよ」と言います。逆に私は、それではリンゴの木がかわいそうじゃないかと言いたかったのです。

大豆は五年蒔いてやめました。だんだん発芽率が悪くなってきました。大豆の根につく根粒菌の数も減ってきます。作物のためには五年連続の大豆播種は窒素過多になる恐れがありました。

秋になってもリンゴが熟さなくなりました。リンゴに味が乗りません。

青いままでデンプンくさく、食べられないようなリンゴばかり取れました。

文句がたくさん来ました。「まずい」。それでも個人のお客さんは、「だんだんおいしくなりましたね」と我慢してくれました。「今のはすごくおいしい。前は砂糖をつけて食べました。あの頃はまずかったねえ」って言われました。リンゴは毎年実ってきました。果実の大きさもジョナゴールドという品種はもう肥料、農薬をやったのと大差がなくなってきました。

大豆をやめたら、やっと蜜の入ったおいしいリンゴができるようになりました。ああ、大豆の根粒菌が出す窒素はリンゴが必要でない時に出すのだなと思いました。効いてほしくない時に根粒菌が効くと、リンゴは赤くなりません。

毎年大豆をやるのは間違っているとわかりました。二年やったら三年休むとか、三年やったら二年休むとか、そういう方法をとらないとまずいリンゴばかりできます。それでリンゴはどんどんよくなっていきました。

大豆は畑の十カ所に必ず植え、常に根粒の数を見ます。一本当たり十粒以下になったら大豆を蒔かなくていいことがわかりました。三十粒以上あったらまだ土壌が窒素を要求している証拠です。翌年も蒔きます。

リンゴが実り始めれば年々サイズは大きくなって、倍返しとなります。

お客さんの一人でロケット博士で有名な航空・システム工学者の糸川英夫先生が「あんたもゼロからのスタートではないか」と電話をくれ、励ましてくれたこともありました。

ダニが消えハチがやって来た

リンゴが一個、二個と実ってくるうちに、害虫がだんだん減ってきました。まずダニがいなくなりました。ダニとダニの食い合いが起こり、そして一匹もいなくなったのです。アブラムシはテントウムシが食うと言います。弱々しい羽のはえたトンボのようなクサカゲロウはアブラムシの幼虫を手当たり次第に食べてくれます。

人間が言う益虫はたいがい害虫がある程度発生してからやって来ます。益虫と害虫が一緒にやって来てくれれば、手間も省けるのですが、そうはなりません。

益虫は主にハチ類が多いです。ドロバチ、ヤドリガバチ（一回刺して虫の動きを止める、二回目に動かないのを見計らって尻の針が長くなり六回くらい刺す）、アシナガバチ、ステバチ、トックリバチ（花瓶のような巣ですごく芸術的。割ってみると卵とハマキムシが一つの部屋に入っています。幼虫になるとこれを食べます。ドロバチも同じ）。スズメバチは梯子に上がっていると、ブーン、ブーンと飛んできて怖いです。刺激すると団体様でやって来ます。

スズメバチの巣が一本のリンゴの木に数えきれないほどついたことがあります。怖くて畑にいけませんでした。スズメバチにまぎれて大スズメバチがいました。リンゴの木に巣をつくるのかと思っていたら、土の中でした。二匹で飛んでいます。スズメバチは時速八十キロで飛ぶそうですが、大スズメバチは大きいからゆっくりブーンと飛びます。帽子で叩こうとしたら、一匹が素早く後ろに回りました。恐ろしかったです。

虫の誘殺のためリンゴをアルコール発酵させたものをバケツに入れ、リンゴの木に吊るすようにしました。ミカンで蛾を誘うやり方もあるようですが、私はリンゴでやりました。地物の産物を使うのがよく、過度に熟した腐れかけのものが一番効果があるようです。

水で割って、そのまま発酵させます。しばらくすると酢になるので、いい匂いがしてきたところで止めておきます。

バケツの三分の一くらいあれば十分で、虫は溺れ死にます。なぜか蛾は透明や緑のバケツに入りません。なるべく赤か黄色などの暖色系のものを選びます。入るのはほとんどメスで、卵を産むため養分が必要だからでしょう。甘い香りに誘われてずいぶん入ります。

バケツはおもちゃのバケツで十分です。人間の目の高さにバケツを吊るすとよく入ります。気持ち悪いほど入り、一晩に百匹入ることもあります。欠点はスズメバチやアシナガバチなどのハチが集まってくることで、子供さんがいるとお勧めできません。

この方法は評判がよくオーストラリアやニュージーランド、米国で秘かなブームになっているそうです。

リンゴ裁判の思い出

北海道の余市の隣に仁木町という町があります。この町に隣接するリンゴ生産者の間で、黒星病の因果関係をめぐり訴訟問題に発展したことがありました。訴えたのは同町防除組合連合会会長の山下忠さん。

リンゴの無農薬栽培をしていた江本達雄さんが「農薬散布など防除を再三にわたって要請したが、これを怠り被害が出た」と、札幌地裁小樽支部に百七十五万円の損害賠償を求める訴えを起こされたのです。

この前代未聞のリンゴ裁判（一九八九年に第一回公判）で、私は被告である江本さん側のアドバイザーを要請され、参加しました。自分も江本さんと同じ立場に立たされたことがあり、趣旨に賛同できるところが多くあったからです。

研究熱心な江本さんは農薬漬けと言われる現在のリンゴ栽培体系に対し、日頃から疑問を感じており、八八年に思い切って無農薬栽培に切り替えました。江本さんは「農薬散布は義務付けられているものではない。収量アップのために高い農薬までつぎ込む栽培は健康にも大きな影響を与え、私や家族の健康を守るためにも無農薬を変える考えはない」と主張しました。

しかし、その理論、実践の意欲は理解できたのですが、実際の園地での対応面では問題がないわけではありませんでした。

無農薬栽培の基本は園地を放任することではなく、剪定、園地の手入れ、土づくりなど環境の整備をすることが大事です。

私は「今年もやらせてください」と周辺農家にお願いして歩きました。みすぼらしい姿の栽培をそばでやられるのは嫌だろうと思うから、「今年もやらせてください」と頭を下げたのです。

江本さんの場合は、自分の土地だから自由にしていいという考えで、ずいぶん周りから煙たがられたようです。裁判に訴えると言われ、「受けて立つ」と答えました。支持者もずいぶんいて、決起大会はものすごい盛り上がりでした。

裁判の結果は双方の論点がかみ合わず痛み分けでした。江本さんは判決を見て「厳しいな」。私は「あんた間違っているよ。これで三年も裁判をやったんじゃないか。隣近所と仲良くやってくれよ。それが大事。あんただけで生きているんじゃないよ」。そう言って別れました。

裁判が起きた後私のところに江本さんが指導を受けに来たことがあります。剪定をするのか、虫に対してどうか。私も一生懸命栽培のノウハウを伝えました。

仁木町議会の人も私の畑にやって来ました。畑は剪定をしているし、摘果もしていました。それを見て、「何の文句もありません。江本さんは剪定はしない、摘果はしない。なればなりっぱなし。木が腐らん病で枯れれば枯れっ放し」と私の畑との違いを見て驚いたようです。

「手を加えるのは自然じゃない」と自然農法の福岡正信さんは言ってきましたが、果たしてそれでよいのでしょうか。趣味の世界ならいいですが、農家として隣接した人に迷惑をかけるのは違うのではないかと思いました。私は「そのままで何年かすると自然が戻ってくる」という言葉に素直に頷くことはできませんでした。

私は江本さんに「それじゃ、なんで下草を刈るのか」と言ったことがあります。江本さんは真面目だから草だけは丁寧に刈っていました。ブドウ畑だけは草ぼうぼうの大変な姿でした。機械が入らないからというのが理由でした。

原告と被告はもともと六町歩の畑を半分にし、お互いの家の便所から顔を合わせるような関係にありました。江本さんは「私は栽培をする自由が欲しかった」と主張していました。この二人にとって、また仁木町にとって、北海道にとって、この裁判は何だったのでしょう。

弁護士さんは手弁当で、三年戦っても片が付きませんでした。裁判が終わって被告側の弁護士を務めた村松弘康先生と、ラーメン屋でワンカップ一本とラーメンをすすりながら、疲れ果てて語り合ったことなどを思い出します。だれもがお金に関係なく志だけで参加した裁判でした。

今だったら、おそらく意見も違ってくると思います。前例があると動きやすいからです。

裁判官から「あなたの栽培と江本さんの栽培は、あなたから判断してどう思われるか」と問われました。私は「こういう栽培、私が見るに江本さんは観察型農業じゃないかなと思いました」と言うしかありませんでした。裁判議事録に載っています。被告側のアドバイザーとしてそれ以上言いようがありませんでした。

観察型農業の意味は、窓からみて「ああ、いい」と思うような農業です。土がどうしたらよくなるかなど考えていたかどうか。私は放任という言葉を使えなかったので「観察型農業」という言葉を使いました。

当時は減農薬とか自然食品など、有機栽培ブームが起き始めた頃で、リンゴ裁判は三十数回にわたり全国的な注目を集めました。私もその半分くらい小樽に行きました。私のリンゴが実り始めた頃の忘れられない思い出です。

第4章　米の自然栽培は難しくない

田んぼにお礼を言ってください

私は日本全国を農業指導で歩いていて、みなさんに何で生活をしていますかと問います。お米づくりの農家に行った時は、「みなさん、田んぼの収穫が終わると、もう田んぼにはだれの姿も見えないんじゃないですか。みなさんは何づくりをしているのですか」と尋ねます。みな一同に「米づくり」と答えます。

私は言います。「みなさんの体にお米一粒実らせることができますか？　米を実らせているのはイネですよ。イネが米を作っているんですよ。イネがあなたたちの生活を支えているんですよ。そのイネはどこで育ちますか？　田んぼです。収穫が終わってから田んぼに行って一言でもお礼を言う気持ちになってください」

「うちの主人は冷たいなあ、自分たちは一生懸命頑張ったのに一言のねぎらいもない」。きっと田んぼは、そう言っているかもしれません。

私の体に米一粒、リンゴ一個も実らせることはできません。私たちはただリンゴの木やイネが生活しやすい環境を作っているだけ、ということを忘れてはいけないと思います。

そう言うと農家の人はみなさん田んぼに行くようになります。目に見えない世界かもしれません。でも土やイネに対して感謝する気持ち、ありがたいなあという気持ちを農家の人が持っていれば、収穫される農産物もきっとお客さんに届く時、やさしい食に変わっているのではないかなあと思うのです。

私は今でもリンゴの木との対話を続けています。とりわけ収穫時には今年のお礼と来年のお願いをします。手で触れながら木に自分の温もりを気持ちとして伝えています。

人間は人間だけでは生きられません。どんなに科学が進んでも人間は自然から離れて生きていけません。

人間そのものが自然の産物であって、人間は自然のお手伝いをしているに過ぎません。

田んぼに行けば畦畔《けいはん》が壊れているなと気がつきます。行かないとわかりません。農家の人はそういうことを忘れています。それほど土から離れてしまった。

肥料、農薬、機械が大事で、作物を生産するところが大事じゃない。主と従をはき違えてしまっているのです。私は、沼や川周辺の土をよく観察し、それを自分の田んぼに取り入れてください、イネと会話のできるプロになってくださいとお願いしています。

米の勉強も独学で

自然栽培を始めて三十二年になります。当初は頭がおかしいとか、変人だとか言われるのを耳にしました。家族の支えを受けながらこの栽培をやり遂げたことを誇りに思っています。この間、農業が人間の命だけでなく、心にも大きな影響を与えるということを痛感しました。国民の食べ物への関心がだんだん高まってきています。

おととし厚生労働省が国民の六〇%が糖尿病の恐れあり、四八%以上が化学物質過敏症と発表しました。私は農業をやりながら、やがて過敏症が多くなるのではないか、あるいは情緒不安定の人が多くなるのではないかと、医者でも科学者でもないのですが、以前からそう想像していました。発表されるデータを見て、とんでもない世界になったものだと思います。

私はリンゴが実るまで、リンゴ畑で野菜やイネがどうしたら何も使わずに育つかを考えてきました。リンゴの木村が「あんた、リンゴが本職なのか」と言われるほど国民食である米を独学で勉強してきました。

私のお米は、最初だれも評価してくれませんでした。小さなリンゴが取れた翌々年、バッグに米を入れて売り歩きましたが、どこでも門前払いでした。ところが今作っている自然米はおかげさまで田植えと同時に完売という状況になりました。

私は東北の百姓ですから二期作の地域と違い、一年に一回しか結果を見ることができません。それだと何十年かかるかわかりません。そこで一年に何回も試験できる方法はないかと考え出したのが、ガラスのコップを使った試験でした。

お米の試験をしました。有機米（新JAS法認定）と自然栽培米。結果を早く見るために炊いたご飯をコップに入れて実験しました。新JAS法のお米はわずか二週間で腐りました。チョコレートのように下の方から溶け出しました。一方、何も施さないで作ったお米は何一つ変わりませんでした。最後はアルコール発酵して酢になりました。

この腐ったほうの臭いを嗅ぐと、百人いたら百人吐くでしょう。それほど臭いのです。みなさんのお腹でも、同じことが起きるのです。

この実験は簡単で、毎日食べているご飯でできます。お米が隠れる程度に水を入れ

キュウリの腐敗実験
左から自然栽培野菜、有機野菜、一般野菜

てラップで包み、箸で穴を二つくらい開け、一番日当たりのよいところへ置いてください。ただそれだけです。するとお米は本来持っている性質を現します。二週間したらどんな状況になっているか。

安全と言われているはずの有機栽培米。みなさんが毎日食べているお米はどっちに入るでしょう。

有機野菜も腐ります。ここにキュウリが腐る試験をした写真があります。

自然栽培とは、私のように肥料も農薬も使わないで作る栽培のことです。有機野菜とはいわゆる新JAS法に基づく栽培の野菜です。一般野菜はスーパーマーケットで買ったものです。

どれが一番腐っているか、二週間で結果が出ます。

新JAS法に基づく野菜が一番腐っているのにお気づきですか。なぜかスーパーで買ってきた野菜は腐りが遅い。何も施さない自然栽培の野菜はこのまま原形を保ちながら、最後は干物のような感じになります。

なぜ一般野菜が遅いのかといえば、スーパーから「肥料、農薬をあまり使わないでくれ。それだったら、あんたから仕入れるから」と、注文がつき、肥料、農薬を一年間使わなかったからです。

結果は一番安全と思われていたJAS認定の有機野菜が一番腐りました。

だれでもこの試験はできます。ご家庭で時間があったら試してみてください。その意義はあると思います。

腐ることのない野菜を食べていればどれほど健康になることでしょうか。栽培する人も、食を生産しているんだという誇りを持てるようになるでしょう。「人」を「良」くすると書いて「食」と読みます。みなさん人を良くしないものは食と書かないでください。

NHKの「プロフェッショナル」というテレビ番組で、遠野の佐々木悦雄さんが挑戦した自然栽培で初めて実ったリンゴと、私のリンゴの放置実験をしたことがあります。

佐々木さんの一年目のリンゴは口にできるようなものではありませんでした。私のリンゴは半年後も変わらず原形を保っていました。もちろんこれは常温で行いました。

なぜ腐るものと腐らないものが出てくるのでしょうか。自然のものは枯れていきます。人がつくったものは腐っていきます。その違いが現れたのです。

有機農業だから安全なわけではない

それにしても国が安全と認めている有機野菜がなぜこんなに腐るのでしょうか。これには堆肥が大きく影響しています。

有機農業は施される堆肥を間違うととんでもないことになります。

たまたま新聞が鹿児島県の事件を取り上げていました。硝酸態窒素濃度の高い飼料を与えたために、牛が死んだというのです。もし人間だったら大事件になっていたはずです。

かつて東京都が大田市場で野菜の抜き取り調査をしたことがあります。食べたら命が保証できないほど高濃度の硝酸態窒素が検出されました。中国産のチンゲン菜が一六〇〇〇PPMという過去最高の数値を示しました。この値はどのくらい危険か。赤ちゃんの場合、葉っぱの四分の一が限界で、それ以上食べると口から泡を吹くそうです。今はかなり改善されEUより少ないデータになっています。

私のような肥料、農薬、除草剤を何も施さない栽培だと、数字を検出するのがやっとの水準になります。

硝酸態窒素はすべての病気の根源とも言われます。昨日まで元気だった人が朝起きたら亡くなっているような、それほどの症状が出る怖いものです。みなさんは有機質の投入は安全と思っているかもしれませんが、使い方によっては最も危険な毒になりうるのです。

三十数年前に刊行された有吉佐和子さんの『複合汚染』でも硝酸態窒素が取り上げられています。硝酸態窒素は未完熟の堆肥から大量に発生します。山の土の匂いに近い完熟した堆肥であれば問題ありません。ところが、堆肥を未完熟で使うととんでもない害を及ぼします。

人間が生きていく以上、金属がさびてくるのと同様、必ず活性酸素ができます。活性酸素は悪者の代表になっていますが、調べたところそうでもありませんでした。正常であれば活性酸素はおしっこと酸素に分かれ、体から出ていきます。ところが活性酸素を溜めているのが硝酸態窒素だということがわかってきました。

茨城、埼玉、栃木など自然栽培仲間の生産者の作った野菜から検出される硝酸態窒素は、ウサギのように野菜を生で食べても害がない水準（五〇〇ＰＰＭ）以下です。年々野菜から検出される硝酸態窒素量は改善されてきているようです。農家の努力というより、スーパーなど流通側がこんな高い数値の野菜は仕入れませんよと拒否し、農家が応じてきている格好です。農家はもっと工夫して病気にならない食材を作る義務があります。

「ブルーベビー症候群」という病気があります。お母さんが離乳食を与え買い物から帰ってきたら、赤ちゃんが青くなって死んでいたことから名付けられました。水や食べ物に含まれる硝酸態窒素が原因と言われています。未成熟堆肥を作物に使うと、家畜糞尿から発生した硝酸態窒素が多量に作物に入ってしまいます。人がその作物を食べると、硝酸態窒素から変化した亜硝酸が、血液中のヘモグロビンの活動を邪魔して、細胞に酸素が行き渡らなくなってしまいます。

私たちの食べ物がどんな堆肥を使って生産されたものなのか、化学肥料を使ったものなのか、何も使わずに生産したものなのかを知る必要があります。ガラスのコップの中で起きる変化は、みんなのお腹の中で起きていると思ってください。間違った堆肥づくりがいかに怖いかがわかります。

完熟堆肥を作れ

次頁の写真、何だと思いますか。牛が自らのフンの上で寝そべっている姿です。臭いフンのはずですが、臭くありません。牛は臭いとイライラします。この座り方から見ると、牛は気持ちよさそうにのんびりしているようです。

一年四カ月の間にフンは三十五センチ溜まりました。でもハエの卵は見当たりませんでした。これは「アースジェネター」という成分を飼料に少し加えたからです。

アースジェネターとは北海道河東郡音更町のアース技研（佐藤隆司社長）という会社が開発した独自商品です。バチルス菌、乳酸菌、酵母など複数の有効な土壌微生物を組み合わせており、糞尿から発生するアンモニア、硫化水素などの悪臭ガスを抑制し、家畜をストレスから解放します。畜産公害が嫌われ後継者が減っている畜産業に

臭くないフンの上で寝そべる牛

とって、画期的なアイデアです。

全国を行脚していると、堆肥を利用している農家の中には、堆肥は臭いほど効果があると思いこんでいる方が結構多いのに驚きました。

堆肥は完熟堆肥にすれば、腐らない野菜を作ることができます。畜舎から堆肥を出し五年寝かせた後、初めて畑に入れるのです。すると立派な大根が育ちます。

もっとも、欠点もあります。寒い北国では低温と水分の多い乳牛のフンのために発酵が進みにくく、なかなか完熟しません。畜舎の温度を高くし、太陽光線が床を乾かす状態がベストです。アースジェネターは九州から南で普及し、最近は東北でも健闘し、さらに海外にも広がっています。改良されていけば北国の畜産が楽しくなることでしょう。

酪農王国の北海道で本当の堆肥を作ってもらいたいと思います。完熟堆肥を使うと硝酸態窒素濃度がぐんと下がります。ぜひ中途半端な堆厩肥ではなく、完熟堆肥を作っていただきたい。腐るのと発酵するのとは全く違います。

有機JAS法に基づき今年作った堆肥を来年使っても、五、六年かけた健全な堆肥を使っても同じ有機農業と言われるのです。どうしても堆肥を使わなければならない場合は、必ず発酵を繰り返し、山の土に近い匂いがするまで待ってから使うべきです。

どうしたらイネが喜ぶか考える

自然栽培の米づくりは難しいことではありません。作物の種類を問わず、共通しているのは「土の力」を引き出すことです。

そのためにはまず今までの知識を捨ててください。私が初めて米づくりに取り組んだ年は一反当たり四俵（二百四十キロ）の収穫しかありませんでした。二年目はさらに悪く、約百八十キロと恥ずかしい結果になりました。
田んぼは草の中にイネが見える状態で、肥料や除草剤はやはりすばらしいと何度も思いました。

これでは食べていけません。どうしたらこの二、三俵から脱皮できるのか。北国では一年に一度のテストしかできないので、先に述べたようにガラスコップを利用し田んぼを再現しました。酒屋さんからカップ酒の空き瓶を大量にもらい、田んぼや畑の土を入れて実際に播種あるいは苗を植えて実験を繰り返しました。この方法だと一年に六回も試すことができました。

耕起は手で、代掻《しろか》きは土の入ったコップに水を入れ箸でかき混ぜました。二百くらいのサンプルテストを繰り返し、良い結果のものを次の年に田で実践し、さらに同じことを二年繰り返し、生育を調査して安定した収量の技術を追求しました。

そしてうまくいったやり方を実践したところ一反当たり九俵までとれました。六年の歳月が過ぎました。秋田県大潟村の石山範夫（石山農産）さんにもこの技術を伝えました。石山さんは早くから有機農業に取り組んでいた方でした。でも私のような何も施さない栽培は初めてでした。

石山さんも最初は半信半疑だったのでしょう。私と田んぼを半分に分け、競争することになりました。私は何も施しません。石山さんは有機肥料を使いました。結果は私が八俵、石山さんは七俵でした。石山さんは驚きました。

田んぼは海岸の近くだったため、翌年、台風による塩害で六俵に落ちました。石山さんもお米のプロで次の年から九、十、十一俵と収量を上げていきました。そして今は何も施さないで十三俵を目標に栽培しています。周辺の田んぼは肥料を使って九、十俵です。石山さんの田んぼは何も施さないのに十、十一俵の収穫があるのです。石山さんは見事に大規模自然栽培を成功させました。みなさんにもできます。

どうしたらイネが喜ぶか。どうしたら田の土が力を出せるのかを考えてください。もしも自分がイネや土ならどうするかと置き換えて考えてみたらよいのです。みなさんの両手にお米一粒できますか？　お米はイネに実るのです。リンゴはリンゴの木に実るのです。人間には米一粒、リンゴ一個も実らないのです。

私たちはイネが生育しやすい環境をお世話するだけです。土には数えられないほどの微生物や菌類やカビ類が生きています。これらの生物が住みやすい環境ができれば喜んで力を出してくれます。

みなさんは洗濯して濡れたままのシャツを着たいですか？　だれも着ないでしょう。土の生き物たちも同じです。土の力を出しやすいようにし、作物が生育しやすい環境を作れば、肥料も堆肥も農薬も必要ありません。

私はマジックをしているのではありません。自然の生態をよく観察し、自然状態を田や畑に応用しているだけです。ヒントはすべてみなさんの周辺の自然にあります。

田んぼは乾かしてから粗く耕す

田んぼというのは日本の生活、気候風土を水によって守っています。もし田んぼがなくなれば、降った雨は行き場をなくします。田んぼは自然のダムです。

左の写真は岩手県の遠野市で米づくりを教えている時にとった土です。大きさの参考にタバコを置きました。田んぼは粗くゴロゴロに耕します。丁寧に耕すと、あの人は仕事が丁寧な人だねと近所の人は言うかもしれませんが、イネにはよくありません。

ガラスのコップ実験では、この方法が一番よかったのです。田んぼが十分に乾いて、ヒビが出るほどになってから耕します。まだ湿気があるうちに耕すと、後でとん

土はゴロゴロに粗く耕す

でもない結果が現れます。だからたとえ時間がかかっても必ず乾かした田んぼを起こしてください。

畑も同じです。「乾土効果」という現象があります。乾いた土を耕して起きる効果です。乾いた田んぼを起こす場合と、湿った土で田んぼを起こす場合では、収量に大きな差が出ます。必ず乾かしてから耕起すること。これがイネづくりの第一のポイントです。乾いた土では好気性菌が働き、湿った土では嫌気性菌が働きます。

田植え直後（右側が何も施さない田んぼ）

いくらやっても四俵か五俵で止まる人がいます。何十年やってきた人でも耕し方によって大きな違いが出ます。

田んぼは水を入れる前、自然の山の生態系を取り入れる必要があります。前年にとれた生ワラを撒きます。生ワラは山の落ち葉と同じく土の一番上です。

秋に耕起は不要です。発酵と腐敗は異なります。土の上にワラがあると障害となるガスが発生しません。田んぼでとれたものは田んぼに返すという考え方です。でもワラがなければできないわけではありません。減反していた田んぼには、少しのワラをもらってき

収穫直前には隣の田んぼと見劣りしなくなった無肥料田んぼ

て、カッターで切って秋に散らします。

普通は米をとった分、養分がマイナスになると考えるのでしょうが、自然界はそうではありません。逆に肥料をやることによって、作物が泣くことがあります。

昔の人はワラをとても大事にしていました。農家は今この貴重なワラを必要としなくなりました。ワラは焼けば煙公害を発生させ、交通事故まで引き起こすので迷惑な存在になっています。

これは田植え後の岩手県の遠野の姿（前頁の写真）です。畦の右と左どちらが肥料を施したイネかわかりますか。土をカラカラにヒビ割れするほど乾かした田んぼを代掻きした後、田植えをしました。畦を隔てて右が何も施さなかった田んぼです。

田植え直後は、ほとんど変わりありませんでした。田植えから五十日過ぎると、肥料を施した田んぼは条間が見えません。イネはすこぶる大きくなっています。

何も施さない田んぼは少し寂しい感じです。イネは生産者が胃潰瘍を起こしそうなほど、背が小さい状態です。風通しが良すぎるほど隙間がある感じです。私はこの時注意します。「田んぼに行ってもイネを見るな、イネを見ずに水を見ろ」と。この頃は両者の差がとても大きいので肥料を施したくなります。

肥料をやらないほうの根が太い

でも実は何も施さない田んぼのイネの根のほうが大きくなっています。一株ずつ掘ってみるとどちらの根が大きいかわかります。自然栽培では地下部分が大きくなってから上部の生育が始まります。肥料を施しているイネのほうは根の生育と関係なく養分がたくさんあるので、根が小さくても生長します。すると、イネは過保護になって節もろく、イモチ病などの発生につながります。

時が経つと無肥料の田んぼの方がだんだん追いついていきます。次第に隣と見劣りしなくなってきます。よく見ると、肥料を使ったイネの元葉が黄色くなってきます。肥料が切れてきたからです。ところが、自然栽培のイネは最初から何も入れていないので栄養が切れることはありません。

自然栽培のイネの方は除草剤を使っていないので、イネの生育に影響のない雑草が生えています。でもほとんど問題はありません。

収穫直前になると自然栽培のイネはもう全く見劣りしなくなります。だれかが木村がまたホラを吹いているぞ、と言ったそうです。頭のつっかえ棒や衝立を取り払わないと新しいことはできません。

何も施さないで作った米の粒は大きく、形が丸くなります。肥料をやると細長い米になります。自然栽培の収量は多少落ちますが、天候不順にあまり影響を受けません。

普通のイネは天気と関係なく出穂してから花を咲かせます。しかし、自然栽培のイネは出穂しながら花を咲かせます。つまり、イネそのものが自然に逆らわず、寒い時にはじっとこらえ、少しでも太陽が出た時には、思い切って太陽の光を吸収します。天気が悪いと止まり、回復すると下から押されるように力強く受粉していきます。だから冷害に強いのです。

自然栽培のイネは周囲の環境を感じて生長していきます。イネ本来が持つ感知力などの本能が発揮されています。自然栽培は、原種の持つ長所を取り戻そうという力が働くようです。

賛同してくれた宮城県の農協

宮城県の農協の例を紹介します。「加美よつば農協」から、「肥料、農薬だけを使った今の栽培では組合員の生活の向上を図ることはできない。あんたのような栽培を時間かけてでもやっていきたい」と声がかかり、私は指導に出かけました。二年前のことです。

最初の参加者は三十八人でした。代掻きを教えに行った時、雷が鳴り、ものすごい大雨が降っていました。半信半疑で始めた方も多かったでしょう。今年は組合員三百人がこの栽培をやりたいと申し込んだそうです。

加美よつば農協で作られたこのお米はすべて買い付けが決まりました。

宮城県の古川に精華堂霰総本舗（本社・東京）というあられとせんべい屋さんの工場があります。この会社は加美よつば農協に働きかけて、そこで作られた自然栽培米を全量買い上げる契約をしています。農協自らが肥料、農薬を使わない画期的な米づくりをし、その地域の企業が協力して自然栽培米ブランドのあられとせんべいを製造・販売して、町や組合員の活性化を図っていこうとしています。

「日本もようやくそこまで来ましたか。新しい夜明けですね」と驚かれる方もいます。これまで企業は企業、農協は農協でした。消費者の理解も必要です。これは農協が独自に初めて取り組んだ試みです。ぜひ応援してやってください。

決して贅沢なものではない

お米の主産地である東北ではやはり米の収益は高いですが、私の住む青森県はなぜか収益が少なく、売上金額も少ないです。これは政府米に頼り自主流通米のベースが低いからです。米価が下がれば、売上はさらに下がります。

何も施さない農業は費用が少なくて済みます。最近は収量が安定してきたので、生産者にできるだけ単価を下げましょうと提案しています。土ができ、イネの生態を学ぶことができれば収益は上がります。でも、この栽培は特殊なもの、贅沢なものではありません。自然栽培の農作物の値段が従来の農作物と変わらなくなれば、世の中の人はみな無農薬、無肥料の農作物を選んでくれるでしょう。自然栽培が点から線となり、国中に広がれば、日本はどんなにいい環境になることか。仲間をどんどん増やしていきたいと思っています。

私はある農家からこんな声を聞いたことがあります。「もう除草は疲れました。一生懸命主人と二人でやってきましたが、四俵とるので精一杯です」。

そこで私は翌年その田んぼへ行ってみました。「今までやってきた方法で一枚の田んぼをやってみてください。残りは全部私の方法でやります」。そう提案したら、「いいんですよ。木村さん、主人も私も疲れたから、もう田んぼはやめようと思います」と悲しそうに言うのです。

次の年、ご主人は一枚耕しました。あと残り全部を私が耕しました。実りの秋となり、そのおばあちゃんは笑顔で「来年も米づくりを続けます」と言ってくれました。

もう時がやって来たのではないでしょうか。やれないのではなく、やらないだけです。もっとも土を作るためには二、三年の時間が必要です。その間は一度にやらずに階段を一歩一歩上がるような気持ちで畑や田んぼと取り組んでいただければ、それほど支障をきたさずに成功すると思います。

近頃、北海道のお米がおいしいと評判です。温暖化のためというより、品種改良が進んだ結果、北海道は一等級米の日本一の産地になってきました。日本のお米地図は大きく変わりつつあります。政府が減反政策を四十年も続けた結果、休耕地は埼玉県の全面積に匹敵するそうです。

なぜお米の消費がこれほど落ち込んだのでしょうか。それはお米に味をつけたからです。お米の味が薄かったならば消費はそれほど落ちなかったことでしょう。

私はササニシキの親であるササシグレの作付面積をもっと増やそうと提案していま す。昔の米はパサパサしていたと言いますが、そんなことはありません。米に味をつけると少しの量で満腹感を味わってしまうので、たくさん食べてもらえません。

タイヤチェーンで除草

田植え後の除草についてお話ししましょう。除草はどこに行っても必ず質問されることで、農家にとっては非常に重要な関心事です。

土はゴロゴロ厚く起こすこと。これだけでイネ科の雑草であるヒエの生え方が全く変わります。芽が出るまでに八、九年かかります。去年のヒエの芽は今年のヒエではありません。田んぼで見かけるヒエは八〜九年前のものです。ヒエは十年近い歳月をかけて出てきます。

粗くゴロゴロ耕すことによってヒエが極めて少なくなります。水が入っているため水草が生えてきます。田植えから一週間、この頃が大事です。草が見えても見えなくても、イネが活着したら一つだけやってもらいたいことがあります。

それは自動車のタイヤチェーンを引きずることです。条間を引きずります。それだけで十分効果があります。

また次の週、チェーンを引きます。カルガモを見ていると、カモの足は土を耕起していません。土との間ぎりぎりのところで足を動かしています。それだけの動作で除草の効果があるのです。私はこのカモにヒントを得てチェーンを引きずることを思いつきました。これを最低三回やってください。

その後生えてくる雑草はイネの分蘖《ぶんけつ》（茎が出て増えること）に影響ありません。

近年、温暖化によって草の伸びが早くなっています。最初の一週間ではなく五日くらいでもいいかもしれません。自分の目と手が農薬、肥料です。田んぼを見て、あ、虫がいる、あ、病気がある。じゃあ、どう対処するか。今田んぼでそのように観察することが少なくなりました。

私は丁寧な代掻きを勧めません。ゴロゴロとちょっと粗末だなあ、あそこのお父さん、今年ずいぶん仕事粗末になったなあ、と言われるくらいでよいのです。トロトロに代掻きした方がイネは育ちやすいと人間が勝手に判断しているだけです。

コップの実験によると、粗く代掻きした土と丁寧にトロトロ練り餡を作った土では、ゴロゴロの粗末な代掻きの土の成育が断然良くなりました。実際、田んぼ一枚を使って実験してみました。結果はコップと同じでした。それ以来、私は代掻きを粗末にしました。

トラクターが田んぼに入ったかと思うと、三十分もすれば帰ってくるような粗末さでいいのです。あっという間です。「これで田植えやるんですか」という質問には「秋を見てください」と答えます。三反で三十分。

ただ走っただけという感じです。

チェーンは最初一本だけでやりました。あまり効果がありませんでした。二本にしたらよく草がひっかかって取れました。ダメ押しのもう一本で草を持っていくのです。

減反で草ぼうぼうになった田んぼの草取りは、回数を多くやる必要があります。田のコンディションによります。普通は一週おきに三回で十分です。

試しに田んぼ全体を斜めにチェーンを引っ張ってみたことがあります。斜めに歩くわけなので苗がチェーンで寝ます。それでも構わずやりました。結果的にその成績が一番良くなりました。麦踏みと同じではないかと思いました。分蘖する前にやると分蘖も促進されます。ただし分蘖後に踏むと茎が折れて立ち上がらなくなってしまい、枯れるので、注意が必要です。全体を斜めに除草するのは田植え後三週間が良く、それより早くても遅くてもだめでした。

カモはなぜ田んぼに来襲したのか

家の近くにカモの被害のために全滅した田んぼがありました。カモが勢いよく着陸、離陸を繰り返し遊ぶ結果、苗が倒れてしまったのです。カモの倒伏被害を防ぐためにその生産者は忌避剤を使いました。でもそのやり方は間違いです。なぜカモが来襲したのでしょうか。

カモは地下水や田んぼの水が冷たいところにやって来ます。温かいところにはトコトコ歩いて入ります。カモは冷たい場所が大好きで、元気よく苗をなぎ倒して入ってくる習性を持っています。

その田んぼは高低差のある低い地形にあり、冷たい浸透水がたまりやすい場所にあたっていました。それで深い溝を掘って排水したところ一羽も来なくなりました。地下水の関係でした。カモは北の渡り鳥で、冬は寒いので日本にやって来ます。元来は冷たいところが好きな鳥のため、温かいところには直接下りず、田んぼのわきからコトコト歩いて入るのです。

カモの被害は日本全国にあるそうです。カモ対策には地下水を制することが必要です。

無除草の田んぼの畦にカモが卵を産み、ヒナが孵りました。ヒナを狙いカラスが飛んで来ました。石でカラスを何度も追い払うと、カモは孵ったヒナとともに田んぼに入り、初期除草の手伝いをし、また北の空へ旅立ちました。そのかわいらしい姿と

「カモの恩返し」に感激しました。

カモによる除草はカモを引き揚げるのが遅くなると、糞尿害のために窒素過多となり、まずい米になります。私の田んぼに来たカモはそんなことまで知っているかのようでした。

私のリンゴ畑でモリニア病という病気が出たことがあります。水はけが悪い、石が多いところで深く排水路を掘りました。農薬を使えば簡単なのですが、使いたくなかったので水はけをよくすることにしました。

乾燥を早めるため深い溝を掘りました。するとこの病気は出なくなりました。土の上だけ見ていてはわかりません。地下の水はけも考えないといけません。リンゴの木は湿地を好まないので地下の水の動きや隣の畑との落差など、すべてを見る必要があります。私のリンゴ畑と隣の畑との落差は二メートルあります。だから水はけをよくするため、春の雪解け水を見ながらたくさんパイプを通す暗渠を掘りました。

第5章

全国、世界へと広がる輪

クマも食べなかったリンゴ

農薬、肥料を全く使わない自然栽培を広めるために、私は全国・海外を歩いてきました。多い年は二百日も指導に出かけ、畑に一人取り残された女房からあきれられました。頼まれると断れず、どこへでも飛んで行きました。

それは、自然栽培をやってみたいという人に私のような失敗の苦労を味わってほしくないからです。相手も真剣勝負です。いい加減な気持ちではできません。と同時に前向きな仲間たちと会えるのが楽しいのです。

米や野菜ばかりでなく、お茶やマンゴー、オリーブなど様々な指導を頼まれました。熱心な多くの生産者の方々と知り合いました。私に同調して自然栽培を始める方も増えてきました。私の言っていることは、教科書に書かれているような常識と全く逆になることがあります。たとえ頭で理解できても二の足を踏むことも多いはずです。

そうした中で私の栽培法に勇気を持って取り組み始めた人たちもいます。

民話の里、岩手県遠野市の佐々木正幸さんが会長を務める遠野自然栽培研究会は、

実がなっているのに二度目の花が咲いた佐々木さんのリンゴ

大規模な田んぼなどで実績を積み上げています。会のメンバーである佐々木悦雄さんは、二〇〇六年から私が辛酸を舐めたリンゴの自然栽培に果敢に挑戦しています。佐々木さんは建設会社の社長を退き、第二の人生をかけた六十歳からの弟子入りでした。

その年、佐々木さんのリンゴは夏になって異変が起きました。リンゴの葉が落ち、リンゴの実は小さく味がありませんでした。

八月末には果実がなっているのに二度目の花が咲きました。

上の写真は同年九月の悲惨な姿です。

私は三十年前にリンゴの栽培を肥料、農薬を使わないで始めましたが、佐々木悦雄さんの畑はまるで時を移してその姿を忠実に再現したようでした。

私の畑ではナシ、モモ、ブドウ、ネクタリン、シュガープルーン、すべて毎年実りました。しかし、リンゴだけが実りませんでした。

佐々木さんの畑は、ウドン粉病、スス病、斑点落葉病、害虫の発生に見舞われ、まさに目の前にあの当時の私のリンゴ畑がありました。戦慄を覚えるすさまじい光景でした。

リンゴの木には葉っぱがほとんどなく、前年度の養分で実ったリンゴは小さく、四、五センチしかありません。リンゴの木は随分頑張りましたが、葉っぱが落ちたため、味が全くない状態でした。

リンゴに赤い色はついていますが、死んだような色です。同化作用が全く行われないため、やむを得ず赤くなった感じです。今出ている花は来年のための花です。この時期に花が咲くと困ります。

肥料、農薬をやめるという大きな変化があったため、リンゴの木の生態が狂ってしまい、季節外れの花が咲いたのです。

佐々木さんの畑の後ろに裏山がありクマがいました。この年からクマが畑を歩いていましたが、このリンゴはまずいから食べませんでした。クマは隣の畑のリンゴを食べていました。

それほどまずいリンゴでした。二年目になると花は咲かず、一個の実もつきませんでした。しかし、畑の状態、葉の姿を見て私は、「三年目の二〇〇八年には間違いなく三割は実るから頑張りなさい」と言いました。

佐々木さんの畑は五年間放置していたからまだましでした。慣行栽培だった私の畑と違い、土が自然に近く、回復が早くなります。

佐々木さんは病気の予防のために醸造酢を撒いています。私のような手散布だと三日かかります。一町八反の広さとはいえ、スピードスプレーヤー（大型噴霧車）に乗って走り回れば、わずか一時間半で終わります。

だれに聞いても一時間半で終わった方がいいと言うでしょう。手散布に比べ、あっという間に終わります。

なぜ機械に頼ってはいけないか

しかし、私は最初から佐々木さんにスプレーヤーを使うなと言いました。機械が通った後は、土は踏み固められ、雑草もなぎ倒されます。だから私は手散布でやってほしいと伝えました。

でも彼は機械に頼りました。

佐々木さんの畑は惨憺たる姿でしたが、五年放置していたので、歩くと土が山の土のようにふかふかでした。

佐々木さんは元々は建設業が本職で、会社を弟に譲り、本格的にこの栽培を始めました。建設重機があるので機械を使っていくらでも畑を直していけます。

「佐々木さん、あんた、このままやったら何年かかってもできないよ。十何年やってもできない人もいる。もっと基本に戻ってちょうだい。せっかくの宝物、五年も放置した畑はそうないのだから」と私は言いました。

私の農業はこれといって目新しいことが一つもありません。せいぜい野菜の脇に大豆を植えるくらいです。全く新技術じゃない。でも、なぜか周りから斬新と言われ、変だなと思うわけです。

私はサラリーマン時代に、原価計算などの仕事で経営の効率化を追求した人間の一人です。だけど農業というのは、非効率なやり方が実は最も効率的になることもある不思議な世界です。私は効率を求めない方法をとりました。それは土を守り、作物を守るためです。

自然の山の中に機械は入れません。効率良くというのは人間の勝手な都合です。柔らかい土の下では根が伸び、微生物が生息してバランスがとれているはずです。きっと畑もリンゴも喜んでいるはずです。

ある時私は佐々木さんに「スプレーヤーで何回歩いたの」と聞きました。

クローバーを見れば回数がわかります。クローバーはマメ科で、一回スプレーヤーで踏まれて寝ると、そこから一本出てきます。やがて起き、またスプレーヤーで踏まれてもまた一本出てきます。だからクローバーを数えれば、何回上を歩いたかがわかります。六回でした。

そのうち葉っぱの落下が激しくなってきて、佐々木さんは私の携帯にSOSを寄こしました。「酢をもう一回散布してください」と私は伝えました。その時、佐々木さんにはあえて「スプレーヤーでもいい、手散布でなくてもいいですから」と言いました。

でも心の中では、もしスプレーヤーを使ったら佐々木さんはこの栽培を最後までやれないなと思いました。「この人は途中でやめる人だ」と判断するしかありません。逆にスプレーヤーを使わなかったら「きっとリンゴを実らす男だ」と思いました。そうしたら佐々木さんはスプレーヤーを使いませんでした。もう一度リンゴの木と向き合い、私の「手間を惜しむな」という言葉を思い返したようです。

畑から佐々木さんのスプレーヤーが消えました。これでリンゴは甦ると思いました。

地面の下ではリンゴの根が張り詰めています。私の畑では木によっては二十メートル以上も細い根を伸ばしています。根毛が自然の柔らかい土を思う存分這い回っています。その土の上を重い農業機械が走ったらどうなるでしょうか。

「もし、あんたの体の上を車が走ったらあんたどう思う。痛いと言うだろう。木は何も言わないけれど、かゆいとか痛いと感じるだろう。そんなことはしない方がいいよ」

私に「使っていいよ」と言われ、実は真意を測りかね、すごく悩んだそうです。佐々木さんの畑が尋常でない姿になった時、奥さんが、「一円にもならないことをして」と愚痴を言うのが私の耳に入りました。無理もありません。私はどうやってこの奥さんを納得させようかと思いました。

ところが今、奥さんは佐々木さんより早く畑に行って虫を取っています。その甲斐あって、昨年は私が思った通り通常の三割くらいのリンゴが実りました。佐々木さんはまた一つ壁を越えました。

主人公はリンゴの木です。米年の花を咲かせたのも、木にとっては渾身の力を込めてのこと。私は「絶対にこの気持ちを忘れるな」と佐々木さんに言いました。

スプレーヤーはもう畑にありませんでした。パワーショベルを置いている隅っこに出すに出せない状況で鎮座していました。佐々木さんはスプレーヤーにシートをかけて「もう間違っても使わない。手散布でやります」と誓ってくれました。

地方では公共事業がどんどん少なくなってきています。遠野では本田敏秋市長自らがこの自然栽培に力を入れてくれています。遠野を一番よく宣伝してくれたと喜んでいます。建設の仕事がない時は、建設会社の作業員たちが摘果や虫取りにやって来ます。

「芽が出た」と踊り出したケニアの人たち

愛知県ではトヨタ自動車の視察に来たケニアの人たちに農業指導をしたことがありました。お相撲の小錦より大きな、イヤリングが何重にもなっている女性が偉い方で、ほかに四人の方がいました。実は地方からナイロビにたくさんの人が流入してきてスラムになっている、毎日食料のために略奪が起きる、どうか彼らに食料を生産する技術を教えてください、これといった産業もなく作物の種も外貨もない、あなたの農業を教えてほしいという依頼でした。

ケニアの人たちは三日後に帰ることになっていました。たった三日で彼らに実地で何かを教えないといけなくなりました。そこで私は大根を選びました。ケニアはサバンナ気候で乾季と雨季があります。乾季に畑を作っても雨季が来て雨に流されると困ります。現地の状況がよくわからないので、とりあえず高い所に植えましょうと、大根の種を実際に植えてみせました。

ビールの空瓶の底を土に押し付けると、上げ底になっているので饅頭のように土の真ん中が盛り上がります。種を真ん中に置いてもコロコロ隅へ転がります。低い所には水分が集まります。雨が少ないケニアでも、朝露だけで発芽するのではと考えました。

二日過ぎても芽は出てきませんでした。三日目の朝、外がすごく騒がしくなっています。外に出てみると、ケニアの人たちが「芽が出た」と叫んで裸で踊っているではないですか。彼らの真っ白な足の裏が見えました。

大事なこととして、肥料や堆肥を使わず土壌に窒素を供給するため、大根の脇に大豆を植えることを伝えました。豆を指の第一関節の深さに植えます。土をかけます。手でかけても丈夫な足でやってもいい。だれでも簡単にできます。麦の植え方も教えました。

そうして国へ帰った彼らは指導した通りやってみました。そして大根がとれました。写真がないのでハガキに絵を描いて、できましたと送ってくれました。

彼らは今ケニアの郊外で大根を作っています。大根は根の方が辛いので上半分をまず食べます。根の方は次の日に食べます。すると辛くありません。自然と彼らも覚えたようです。

私はケニアの人たちが踊って喜んでいた姿が忘れられません。いつも頭の中にあります。輪を作って「神様が芽を出しくれた」と踊っていました。

朝露によって湿気が十分になったから芽が出たのですが、彼らは何か目に見えない力が働いたと感じました。

人間が勝手に生きているのではなく、この地球に生かしてもらっているという感謝の気持ちの表れでしょう。彼らの喜びは人間としての原点じゃないかと思いました。

家庭菜園で自然栽培を

NPO法人自然農食みやぎ副理事長で公認会計士の天明茂先生が言いました。

「休んで遊んでいる地面を活用してこれから肥料、農薬を使わない畑でやっていく準備をしています」と。ありがたいお話です。

都会には一坪農園をやりたいという人がたくさんいます。でも一坪じゃ足りません。本格的に家庭菜園を楽しむのなら、せめて百坪ほどは欲しい。農地法では趣味や家庭菜園の目的で農地を所有することを禁じています。いくら草ぼうぼうであっても貸してくれません。所有には県または市町村農業委員会の許可が必要です。一方で農業者人口が激減しています。ネックは農地法です。農地法を改正し、放置されている農地を活用したり、家庭菜園として利用することが有効だと思います。私は家庭菜園を始めようという人たちに自然栽培をどんどん勧めていきたいと思います。自然栽培は何より環境によいのです。家庭菜園にも向いています。最近、若い人も農業に興味を持ち始め、市民農園などで腕試しをしているようです。家庭菜園は高齢者にもぴったりの仕事です。みんなでやれば生きがいが広がります。

発泡スチロールを使えばベランダでも始められます。まずトマトから始めてみてください。でも仲の悪いピーマンをトマトの脇に植えないでください。巨大なピーマンが一個できます。とてもまずくて食えません。

自分が作った作物に毎日触れることによって心がやさしくなってきます。農業は人間のやさしい心を育みます。団塊の世代の人たちはそろそろ旅行も飽きてきたでしょうし、欲しいものも買ったと思います。家庭菜園で栽培した作物を食卓で食べましょう。そうすれば食への喜びを満喫できると思います。

もし自分がキャベツだったら、トマトだったらと自分を置き換えて野菜と接すれば、対人関係でもやさしさが戻ってくることでしょう。相手を自分のように考えれば心がやさしくなります。「土を作るということは人づくりだよ」。いつもそう思います。土には作物をもたらし、人の心を癒してくれる働きがあります。

仙台で講演した時、家庭菜園の人たち三百五十人に雑草を育てようと言いました。私はまず絶対に農薬を使うな、雑草を邪魔にするなと言いました。土が汚れていると虫がやって来ます。私のように十年も自然栽培をやると雑草も生えなくなります。土がよくなれば作物の邪魔をしない草が生えてきます。

現代は核家族化が進み人々のやさしさが薄らいでいます。百姓仕事は楽しいです。現代人は土にもっと親しみ、楽しさを覚えることが必要ではないでしょうか。

土には浄化作用がある

よく土をいじると手が汚れるからと言います。でも土には浄化作用があります。今は、河岸を見てもコンクリートで固められてしまっています。昔は土がありました。土が自然の浄化作用をしてくれました。地域の人がみな川の手入れをしました。

ところが今、河川はお上のもので、自分たちには関係ないと思っています。畑の道路も直さなくなりました。道は公共事業の仕事と思い、税金を払う時には高いと文句を言います。

昔から「五風十雨」と言って日本の自然はうまくできています。

この農業に適した日本の風土が急激に変わり始めたのが昭和四十年から五十年頃でしょう。消費は美徳という言葉が生まれたあたりからです。それまで日本人は世界にまれにみる理想の食生活をしていました。脂肪分が少ない魚、豆腐や納豆などのタンパク質は日本人の体に合っていました。ところが今や日本の伝統食、味噌、醤油、納豆、豆腐原料の九割は輸入に頼っています。それで伝統食といえるでしょうか。どうしても足りないものは輸入するしかありませんが、農業の仕事は人間の命をつなげる職（食）だと思います。

空き地があったら豆を植えましょう。金にならなくてもいいから、日本を守るために植えましょう。農家の人は土を守るためにです。自然栽培はすぐに結果が出ません。土づくりのために少なくとも三年かかります。時間はかかりますが、豆は土壌改良につながり、ビールのつまみになります。一石二鳥です。

地域の活性化が叫ばれて久しいです。全国どこも地方は過疎化する一方です。農業に魅力がないのが一つの原因でしょう。全国を歩いてみると、放置された農地が見た目の印象で三〜四割ありました。一方で団塊の世代中心に農業をやりたいという人が大勢います。全国に放置された農地を再興できないでしょうか。彼らに肥料、農薬を使わない農業を勧めたいと思います。

農業で自然災害を防ぐ

一番若い人で七十六歳という超高齢化が進む日本海側の限界集落を訪ねたことがあります。立派な段々畑があり、昔は見事な景観を作っていたことでしょう。しかし、放置されていたために土砂が崩れ、災害が起きていました。農業には自然災害を防ぐ働きもあります。

農地が河川を汚していても、あまり問題になることはありません。なぜかというと農地には食を生産しているという言い訳がきくからです。農業者が栽培方法を転換しなければ、川はきれいになりません。川がきれいになれば海もきれいになります。自然を壊すのは一瞬ですが、一度壊れたら取り戻すのはなかなか難しいのです。

環境汚染を防いでいけば、異常気象も少なくなることでしょう。川や海が汚れるとバクテリアが集まって呼吸活動をします。すると水温が上がり、低気圧が発生します。年々台風などの自然災害が大規模になっています。これには環境汚染がずいぶん影響しているのではないかと思います。

環境の危機、地球温暖化という言葉をよく耳にするようになりました。近くの川を見てください。昔見た川の流れとずいぶん違うと思いませんか。農業生産をしている人たちがもっと考えないと、やがて自分自身を苦しめることになります。まず農業者が変わらなければならないのです。

目を輝かせる若者たち

肥料、農薬、除草剤に支えられ、日本の農業は重労働から解放されました。でも重労働から解放されたにもかかわらず、農業の後継者が見つかりません。

私は北海道から九州まであちこちで農業の大切さ、食の大切さを話し、「誰でもできるんです。意識改革をしよう。若い人が村に戻ってくる社会をつくっていこう」と呼びかけています。ＮＨＫなどのテレビ番組に出演してからは「うちの息子が、親父の後を継いでもいいけど、あんたのような農業をやってみたいと言うのです」と、四百組もの親子が訪ねて来ました。

今の若い人はそれほど農業にマイナスの印象を持っていないようです。「お金儲けのために百姓やるんだったら教えないよ。社会の役に立つためにやるんだったら毎日でもおいでよ」。私は彼らに言いました。

無収入時代があまりにも長かったので、私には金儲けという字が縁遠く、そういう言葉が出たのかもしれません。

若者たちは目をらんらんと輝かせ「やりたい」と言いました。私はそういう言葉にうれしくなります。青森県の県南地方で若者たちと代掻きをやったことがあります。彼らは新しい農業に挑戦する気持ちがあふれていました。雨の予報が出ていたにもかかわらず、天気が良くなりました。若者のやる気をみて天も雨を降らしてはいけないと思ったのでしょう。

彼らは農家の後継者として自分が管理する田畑（お城）を自分流にやってみたいと思っています。私は「息子さんに五反歩預けてやってみなさい」と言いました。こうした若い人たちの独立心と夢を育てる助けをしたいと思っています。

ある若者が父親から一部の土地を任され、お米とキュウリやトマトなどの野菜を作っていました。私は気になったので女房に畑を任せて指導に出掛けていきました。若者が間違ったやり方をしていないか心配なのです。

実際に自然栽培をやってみた若者は、「この農業はおもしろい、何か夢がある」「親父のとは違う。自分で自分の道を開いている感じがする」と言います。新しい機械を使うなど特別な資本投下の必要はありません。今あるものを使い、新しい栽培に転換できればなおいいのではありませんか。

若い人は農業が嫌いではありません。これまでの農業に魅力を感じなかっただけです。若者はありきたりのもの、答えがわかっていることはあまり好きではありません。自分を超えた何かを得ようとしています。何か新たな目標をつかもうとしている日本人が一杯いるのではと思います。その目標の一つに私の栽培があったら本当にうれしいです。

若者が参入するためには、ある程度教育が必要です。実技例がわからないからです。私の栽培技術はそろそろ終着点に近いところまで来ているので、マニュアル化して次の世代に伝えたいと思っています。大げさな学校はいりません。畑の中で寺子屋のようなものでいいから、私のような異端児とともに学べる場所をつくりたい。技術はもちろん、もっと大事な栽培の心をしっかり学んでほしいのです。

地元弘前の岩木町の人たちも理解してくれています。婦人会の人たちは嬉々として自然栽培の野菜づくりを始めています。「公民館、何もなかったらいつでも使ってください」と言ってくれます。建物は古くても駐車場も電気、水道もあります。とりあえず地元の人はここで学んでもらえればと思っています。

スーパーチェーンも関心

自然栽培が浸透していくためには、流通もしっかりしないとだめです。

自然栽培に関心を持っているスーパーがすでにいくつかあります。愛知県豊田市の「スーパーやまのぶ」や東京都羽村市の「福島屋」などです。やまのぶはトヨタの城下町にありますが、自動車産業頼みではない独自の高品質商品で地元の信頼を獲得しています。福島屋の社長さんは自社拡大ではなく同業者で連携して自然栽培の良さを伝えていきたいと言っています。

首都圏で受け入れてもらうことができればより広がりも出てくることでしょう。私の栽培法は異端児でないとなかなか理解できません。こうしてみるとずいぶん世の中には異端児がいるものです。異端児が当たり前になる時代を作っていかなければならないし、また作っていけると思います。

現代農業は肥料、農薬使用を前提にしています。農学も同じです。肥料、農薬を使えば土壌ではどういう現象が起きるのか？　学問は進化しているはずです。しかし、作物についてはどうか。菌、バクテリアについてはどうか、一つひとつは研究しながらも全体を通して見る目を持っているのでしょうか。

農業者が実地にどう活用して生きていくべきか。そういう研究がありません。それが栽培法が鈍化している主な原因ではと思います。学問栄えて国滅びるなんていうことにならないといいのですが。

農家の人も既存の知識が衝立《ついたて》になっていないでしょうか。今脱サラの人は意外に早く成功しています。下手な知識は持たない方がいいです。私の場合はハサミとのこぎりと梯子があればいいと割り切っています。そう思ったら入りやすいです。

農業という言葉がよくないのかもしれません。田畑業、森林業、漁業、酪農業があり、どれ一つとして切り離せないものなのに、それらを分けてしまったことが農業の根本を見失った原因ではないでしょうか。いっそ「自然生態業」とでも言ったらいいかもしれません。人間が及びもつかない自然のスケールの大きさをじっくり学ぶべきです。

熱心な韓国

私はリンゴ畑で韓国の人たちになぜか田んぼのことを教えています。田んぼも畑も土の作り方は同じですから。

韓国には年に何度も足を運びます。韓国では日本よりも食、農に対する関心が高く、KBS放送が私の特集を組んだりしています。韓国は日本と並んで世界で最も農薬散布が多い国です。しかし韓国の国策は変わろうとしており、少しでも肥料、農薬を減らす栽培に向かっています。日本に比べると韓国は恵まれているなあと思いました。

年に約六百人の韓国人が勉強にやって来ます。食と農の安全は消費者も生産者も関心のある問題です。キリスト教の牧師さんが一年に四、五回も来ます。牧師だけで生活できないから農業をやっているのだそうです。韓国国民の半分はクリスチャンで

韓国で農業指導する著者

す。韓国には日本より早く農薬や肥料を使わない農業が広がるでしょう。

朝鮮戦争など爆弾の影響で韓国の表土はすごくやせています。不発弾も出てきます。しかし、二、三十センチ掘ると本来の土が出てきます。私は土を変えよう、段階を追ってやりましょうと呼びかけています。

韓国の人にはこれがいいとなると全部一気にやろうとする国民性があります。よく失敗します。まず土を作っていくべき時なのに、すぐ植えようとします。また韓国は豚が多いので生の豚糞を使っています。発酵させないので生臭いままです。スイカは大きいけれど味がありません。そんなに大きくなくていいから、おいしいものをと改良に取り組んでいます。ハウス、露地、田起こしなど何でも教えます。理屈ではなく少しずつ実技を教えている段階です。

ソウルのリンゴ地帯にも行きました。あまりに木と木が接近し、どの枝になったリンゴかわからないほど枝が混雑し虫の巣になっていました。桑畑の跡にリンゴとカキを植えているので、桑の木に集まる虫が湧いていました。

でも韓国は除草剤の使用がそれほどなかったので、マメ科のカラスノエンドウがそこかしこに生えていました。それが救いでした。作物のわきにカラスノエンドウを一緒に植えると、窒素固定、養分補給になります。カラスノエンドウは土壌にあれほど働くのに、化学物質にはからきし弱い植物です。昔は日本の道端でもカラスノエンドウが生えていましたが、除草剤の普及で消えかけています。

韓国の田んぼはどうにか反収七俵を超えました。なかなか有望です。私は韓国で観光したことがありません。畑から田、田から畑へ、また飛行場です。韓国ではキリスト教の教えによって農薬など汚れたものを食べると体を害するということから、自然栽培が注目されるようになったそうです。一般農家に与える影響は大きく、水面に石

自然栽培で作った野菜

を投じた際の波紋のように国内に広がるといいと思います。

私が教えてきた野菜農家の人たちの野菜の「作品」を、一堂に出荷してもらい愛知県豊田市の市民のみなさんに肥料、農薬を何も使わなくてもこれくらいの野菜ができますよ、とデモンストレーションをしたことがあります（写真）。見るからに立派な野菜ばかりでした。

愛知県碧南市の棚宗サラダ農園では、女性姉妹が根菜類を中心に自然栽培に取り組んでいます。砂壌土《さじょうど》で農薬、化学肥料を使う長年の慣行農業に成果も得られず、疑問を持っていたようです。偶然私の講演を聞いて新しい世界に飛び込みました。お母さんの強烈な支持もあり、まだ三年目とは思えない意欲的な取り組みとセンスの良さに驚いています。

茨城県東海村のてるぬまかついち（照沼勝一）商店では、六十町歩一面サツマイモ畑を手掛けています。すべてが自然栽培ではありませんが、大麦、小麦を植え、カラスノエンドウを植えて、イモを植えます。麦の間にサツマイモを植えます。深く入った麦の根が余分な栄養を吸い上げて、土壌の成分を適正バランスにするのです。

イモは荒れた火山灰土などででき、養分はそんなにいりません。鹿児島産がうまいと言われるわけです。農薬をやめたら安全だけでなく品質も向上したそうです。日持ちもします。まだ完全ではないので、手本として私もそこで一町歩借りてイモを植えることにしました。

昔は一種類の作物で畑を覆うことはありませんでした。連作障害を防ぐために、畑を最低四つに分け毎年更新、巡回して栽培をやってきました。昔の人の知恵はすごいと感心します。私がやっていることは全然新しいことでもなんでもありません。

「温故知新」。この言葉が好きです。肥料がなかった徳川家康の時代、米は関東で精一杯取れて反収三俵から四俵だったそうです。当時は自然を利用した栽培でした。私も何も使いません。イネの品種改良という面はありますが、今は九俵から十俵が当たり前です。

新しいものがすべて正しいわけではなく、むしろ古い時代の経験が生きています。学問の進歩もありますが、実践をしてわかってきたこともあります。古いものをそのまま使うのではなく、少し探究してこれを生かすにはどうしたらいいかを考える。それが人間の知恵です。農家の人みんなで知恵を出し合えば、もっといいものができます。私のやっていることが一〇〇％正しいのではなく、踏み台にしていってほしいと思います。

お茶も自然栽培で

多くのお茶に結構な量の農薬が使われています。私は農薬のだしを飲んでいるんじゃないかなと思うほどです。

鹿児島のお茶栽培の下堂園（下堂薗豊社長）は、欧州の厳しい有機栽培茶に関する認証をドイツから取得するなど、お茶の有機栽培では優れた技術を持っています。関連の有限会社ビオ・ファームでは最先端の栽培を取り入れたいということで、私も自然栽培によるお茶づくりに取り組ませてもらいました。

社長の弟さんの下堂薗洋さんはドイツにグリーンティを広めた人です。二〇〇八年、有名なシュタイナー農法の「デメター」ブランド視察のため、一緒にドイツに出かけました。そこで本場のシュタイナー農法に対抗し、ジャガイモの自然栽培で勝負を挑もうとしました。しかし、実はがっかりしました。大きな農場でしたが、穴を掘って温度を測ると、その土は思った以上に良くないことがわかったからです。もっとも有機栽培の認証システムなど先進的な取り組みには見るべきものがあり、大豆を使った自然栽培のキムラ・ジャガイモを披露するためにも下堂薗洋さんと再訪を約束しました。

埼玉県の富士見市の野菜専業農家の関野幸生さんは、自家採取した種で無農薬、無肥料の野菜を作っています。今売られている種のほとんどは、F1（一代交配種＝ハイブリッド）です。均一性、生育スピードなどいいとこ取りした種は、一代限りのため毎年高い種を買わされます。現在流通している種の九〇パーセントはF1です。関野さんは栽培している野菜の種をすべて昔のように繰り返し自家採取しています。

「初めて種をとってから三年くらい続けると、その品種が畑になじんで味が良くなるんですよ」と言います。

埼玉県飯能市にある野口種苗研究所の野口勲さんは以前虫プロに勤め、ファンクラブ誌の編集をされていたほどの大の手塚治虫マニアで、伝統野菜消滅の危機感から固定種（大昔から繰り返し種を取りながら品種改良してきたもの）を守るため、関野さんとも協力して安心できる種取りに励んでいます。

知れば知るほど、今の種は間違っています。正しいのは原始種です。私も自家採取の種を勧めています。こういう高い志を持つ農業者と互いに交流し合えることはどんなにうれしく勇気づけられることか。

また、若い熊田浩生さんは、日本全国の自然栽培の農家や販売ルートを訪ねてネットワークづくりに活躍しています。時には、農家の技術的なサポート役として信頼され、その知識と行動力で私を助けてくれる頼もしい相棒です。

フレンチシェフがリンゴスープ考案

忘れてならないのは、全国からグルメが通うフランス料理「レストラン山崎」を地元弘前で経営するオーナーシェフの山崎隆さんです。

私のリンゴがようやく花をつけ、実がなりだした頃、まだほんの一部の消費者としかお付き合いがなかった時でした。弘前のホテル法華倶楽部の料理長をしていた山崎さんが、私に会いたいとやって来ました。私のリンゴづくりの話を聞き、「ぜひ、木村さんのリンゴで料理を作らせてほしい」と言うのです。山崎さんはちょうど本場フランスで料理の修業を終えて郷里に帰り、弘前でしかできない自分のメニューを追い求めていました。弘前リンゴへのこだわりから、私のリンゴをテーマにし、粒もそろわない虫喰いリンゴを買ってくれたのです。

それから奮闘してでき上がったのが、「木村秋則さんの自然農法栽培りんごの冷製スープ」で、人気メニューとなりました。リンゴの自然の甘さが生かされた絶品スープです。山崎さんの技によって味が引き出され、見てくれの悪い私のリンゴがこんなにすばらしい料理になるのかと感嘆しました。自然栽培に取り組む仲間の作物を食材に用いて「夢のディナーショウ」というイベントも企画してくれました。材料の持つ本来の味を引き出しており「あの野菜がこうも変わるのか」と驚きました。同時に販路の開拓にも協力し、生産者に希望を与えています。

東京・白金台にあるフレンチの「シェ・イグチ」では、オーナーシェフの井口久和さんが弘前を訪ね、山崎さんの冷製スープをいただいて感激し、自分なりにアレンジした一品をメニューに加えました。

井口さんは以前、私のリンゴを購入し、二つに割ったまま冷蔵庫の上に放置していたリンゴが二年経っても腐敗せず、干からびた状態のままなのにフルーティな香りが残っていたことに驚き、「奇跡のリンゴ」だと思ったそうです。この話は、弘前大学農学生命科学部の杉山修一教授が私のリンゴ畑を調査するきっかけとなりました。

偶然にも山崎さんと井口さんは修業時代の師匠が友達同士だったそうで、徹底して素材にこだわる一流シェフたちに自然栽培のリンゴが選ばれたことは私の誇りとするところです。

第6章　すべて観察から始まる

ずっと見ていることが大事

自然を見る、それも長く観察するということは、百姓仕事にとって一番大事なことです。

北海道の旭川で石と熊笹だらけの山間地を牛の力で拓き、見事な牧場に変えた斎藤牧場の斎藤晶さんは、開拓農業に行き詰まった時、山のてっぺんの木に登って周りを眺めながら「鳥や虫は、いつもゆうゆうと何も文句を言わないで生きている。人間もあの仲間と同じように自然に溶け込めば生きていけるのでは」と、山の自然をそのままを生かす形で牛を飼うことを思いついたそうです。それは「蹄耕法」と言われ、牛と木と牧草の生態を生かした見事な自然流酪農です。

「自然はものを言わないから、こっちがそれをとらえる感性を磨いていかないと」。会って話せばお互いの共通点に驚きます。斎藤さんがこう言ってくれました。「木村「木村さんと話したって何を言わんとするか、お互いにわかっているわけなんですよ。全体を見ている。放っておけばどう変化していくかを見る。そこに余計な技術を使わないで、ずっと見ているってことが大事なんですよ。それがみんな、高学歴になるとじっとしておれない。その辛抱強さ、耐えられる人が今いないんですよ」

自然をとらえる時、感情が入ってはいけないと斎藤さんは言います。じっと自然の中でどう変化していくかを見るべきです。マイナスの要素のものがプラスに変化することもあります。簡単に結論を出しても、自然は全く逆の方向に進むことがあります。

岩手県の自然放牧酪農で有名な中洞《なかほら》正さんとは二十数年来の友人です。中洞さんが尊敬するのがこの斎藤晶さんだと聞き、合点がいきました。牛が排泄する糞尿が自然の風化で堆肥化し、やがて採草地に還元されるシステムを実施しているお二人が、日本の酪農体系を転換させる原動力となることを願っています。

砂漠化した農地を救う

次頁の写真は日本のある砂漠化した畑の姿です。全国を歩くと、まさか日本にもこんなところがあるのかと驚かされます。

十年前は見渡す限りの六十町歩の大農地でした。肥料、農薬、除草剤、土壌消毒剤を使い過ぎた結果、わずか十年後に海岸の砂のような畑になりました。もともと砂壌

砂漠化が進む畑

土ではありましたが、近代農業の粋をすべて結集して始めたのに、十年経つと大根が五センチも伸びない畑になってしまいました。

砂漠化で年々、表土が失われているアメリカ農業も悩みが深いようです。世界でこうした砂漠化が進行しています。今後、全国至るところに出てくるかもしれません。食料を輸入に頼っている日本でこのような姿が現れています。何とか直してくれないか、元の畑に戻すにはどうしたらいいでしょうと、私のところへ相談が来ました。

私は畑を見て驚きました。わずか十年の歳月なのに変わり果てた姿になるものです。「これが畑です」と言ってもだれも信用しません。回復に何年かかるかわかりません。

試しに土を掘ってもらいました。すると二十〜三十センチ下に元の土が残っていました。これなら再生できると楽観しました。

大豆の根にびっしりついた根粒菌

農家の人たちの生活もあるので、私は砂漠土に強い現金作物のピーナッツを植えようと提案しました。ピーナッツは花が咲くと花が土の中に入っていく不思議な作物で、土の中でサヤができます。大気中の窒素を固定する大豆根粒菌を利用するのにもぴったりの作物です。案の定、土は養分がないので、落花生の根が曲がらないほど根粒が付着していました（上の写真）。
豆の働きはすごいです。根粒菌の働きを利用して野菜を生産していこうという作戦です。

ピーナツを植えて二年経ったら麦を植えようと決めました。麦を植え、その脇に豆を植えました。麦はどんどん育って地中深く入り込み、悪いものを吸収するポンプの役目を果たします。

この畑は次第に蘇ってきました。四年目の今年、立派なニンジン、サツマイモがとれてみんな大喜びです。自然の力を無視できないことを証明してくれた畑ではないかと思います。

雑草の役目

草が私の背丈ほど伸びています。雑草は大きな役目があって伸びています。この後ここは田んぼになります（次頁写真）。こんなところが……という声が聞こえます。

実は畑に与え過ぎた堆肥の成分、栄養を雑草に吸い取ってもらっているのです。草が大きな働きをしてくれます。

雑草を土に引き込んだらまた元に戻るので、持ち去ります。土の中のものを雑草が吸い込んでいます。土の匂いをかいで山の土の匂いに近くなるまで、田んぼづくりは

雑草が土を作る

するなと言っています。人が土を作るのではなく草が土を作ってくれるのです。

さまざまな雑草が生えていることは土にすごくいいのです。人間でも毎日同じおかずだと飽きてくるでしょう。土の中ではいろんな雑草や植物がホルモンを出しています。大豆の根には大豆の根の匂いにつられ、成分を分解するバクテリアが集まります。草にはその草特有のバクテリアが集まります。多種多様のバクテリアが集まると病気が出てきません。

白菜を植えると根にこぶができることがあります。キャベツもそうです。

これは偏った土を作っているからです。線虫や土壌の微生物が集まって起こす病気です。いろんな雑草が生えていてこそ、土として望ましい姿になります。

山へ行ってみてください。杉の下に生える草は決まっています。杉林の下を畑にすると作物の出来はすごく悪いです。一方、竹林や落葉の雑木林の下ではたいていいのものができます。杉や松の下には草が生えていません。

小麦の根は八十センチ張ります。ライ麦は一メートル六十センチ入って深く耕してくれます。イネ科の雑草でだいたい六十センチ入ります。

雑草を丁寧に取っていると、土が固まってしまいます。」土を作るために草をぼうぼうにしてください。草ぼうぼうのリンゴ畑は猛暑の中でも二四度以下で、土が湿気を保っています。雑草の力はすごいです。邪魔にならないところは草を生やしましょう。

マメ科の根粒菌を見るとわかります。大豆を植えて根粒菌がゼロということは、それほど土に養分があるということです。三十粒以上ついたらまた来年もやってみてください。目処として十粒以下ならもうやる必要はありません。根粒菌は土の状態をよく表してくれる「土のバロメーター」です。

豆を初めて植えると根粒菌が一杯つきますが、二、三年するとだんだん少なくなります。彼らは働かなくてもいいので、お休みしているだけだと思います。土の中は絶対値が一で、一を超すことも、一を下ることもありません。

私の栽培は豆の根につく根粒菌の働きを利用します。大気中に無尽蔵にある養分をこの粒々の中にいる菌がつかまえてくれるのです。

自然というのは人が考える以上にバランスがとれています。だから山は何千年も続いていています。百年も生きているような木は人が手を加えていないから生きています。肥料をやったら何年かで枯れるかもしれません。

ある自然農法の団体の農場を見学したところ、大きな間違いをしていると思ったことがあります。ナスを植えているのを見て、これは何だと思いました。ナスの原産地は東南アジアで土が温かくないとダメです。彼らはまるで逆のことをやっていました。

最初の指導者はワラや枯れ草を敷けと教えたのに、彼らは枯れ草の代わりに去年のイネワラを非常に厚く敷いていました。それでは土の温度が下がり、バクテリアの活動が落ちてしまいます。

私は自然をよく観察しましょうと言っています。自然をよく観察すれば枯れ葉や枯れ枝は必ず隙間があるように置かれていることがわかります。決して厚くありません。

隙間があれば空気が入っていくし、土の中のバクテリアも活動しやすい。ある程度の保温は必要ですが、あまり厚く敷いては悪影響しかもたらしません。

自然の姿を見ましょう。枯れ枝はそんなに厚く敷かれていますか？　農業では大根を植えたら全部大根。連作を避けるため、今度はホウレンソウとか別の作物を全部植える。こんなことは自然界にはありえないのです。

山の土には窒素、リン酸、カリはほとんどない

山の土というのは窒素、リン酸、カリがほとんどありません。それなのにあれほど草木が元気に育ちます。

ということは科学の常識が実は違うのではないのか、という疑問が生じます。要は根が這っていきやすい、酸素が入っている土を作ってやればいいのではないかと思うのです。

孟宗竹の落ち葉のところは一番いい土になります。根粒は最低で十一年生きると言われているので、根粒菌を利用してあげるとあとはもう何もいりません。人間が悪さをしなければ、土壌菌、バクテリアが植物を育てていきます。

自然の山には耕起する人がいません。山に行ってミミズを探すのは容易ではありません。でも人間の畑の下にはミミズがウヨウヨいます。実はミミズは未分解の有機物を分解するためにいるのです。山でミミズを見かけないということは、山には未分解の有機物がそれほど少ないということです。

枯れたものを土の上に載せると畑はどうなるでしょうか。虫が来なくなります。みなさん、試してみてください。植えている野菜の根元に取ったばかりの青草を置くと、二日もすればアブラムシがいっぱいやって来ます。

青草を取り除き、代わりに枯れ草を置くとその虫はどこへ行くのか、いなくなります。ですから雑草を乾燥させ、作物の脇に置いてみてください。

秋に山や公園に行くと落ち葉があります。三年前の落ち葉の上に二年前の、今年のはその上にあります。それが自然の状態です。人は道具を使って落ち葉を拡散させているわけです。

農機具の発達は土を深く耕すことを可能にしました。そのためもともと土の中にいたヨトウムシが土の上に出て活動するようになりました。

植物の根の残りを餌にしていた虫は地表の餌を食べています。餌の多い地表は住み心地がいい。このため、どこの地区でもヨトウムシが爆発的に多くなっています。でも山でヨトウムシを探すのはとても難しいのです。

人間は土の生態系を壊している

「土は上から作る」と言います。人間は生産を追求した結果、土壌のバランスを崩し、害虫を呼んでいるのかもしれません。悪いことをした自分の罪を棚に上げています。人間は土の生態系を守るべきなのに、安易に機械によって土の構造を変えようとします。耕し方によって土の生態系はすべて変わります。これは自然に反する行為ではないでしょうか。

畑にある肥料、農薬たっぷりのタンポポは丈が短くて、アブラムシで一杯です。なぜアブラムシがいるのでしょうか。

私の畑のタンポポは茎の長さが五十〜六十センチになります。花もでっかいです。

虫は探しても見あたりません。何も使わなくても虫がいません。道路に生えているタンポポは、肥料、農薬たっぷりのタンポポより丈が大きいです。

質問をします。窒素肥料を作物に十キロ施しました。ではその作物は窒素を何キロぐらい使うでしょうか？

十キロと思う人はだれもいないでしょう。五キロと思う人もいませんね。想像がつかないと思いますが、十キロの半分はガス化して、大気汚染の原因の一つになっています。

残り五キロの半分は土壌が取ります。土の中には未分解有機物がいっぱいあります。植物の根の残渣などです。これらが発酵するには窒素が必要です。あと二・五キロ残っています。それを作物と雑草が奪い合います。雑草が少し優勢で、作物は約一キロしか吸収していません。

田んぼや畑に撒く肥料は、一割ほどしか使われていないのです。だから最初から無肥料でもできるわけです。だから私は「無から有を生む」と言っているのです。

ちょっとした工夫をすれば一キロぐらいはマメ科の作物でできます。また有効な窒素というのは水に溶けやすく、雨が降ると雨と一緒に下りてきます。

窒素、リン酸、カリの三大要素がないと作物は育たない、と教科書には書かれています。果たしてそうでしょうか。リン酸、カリは何の役に立っているのですか、本当に必要なのですか。まだわからないことがたくさんあります。窒素が必要なのは明白なのですが。

養分は作物が利用できない無効な状態のままで、畑にあると推測されます。それを生かせるか生かせないかがカギになります。土壌微生物群と作物、雑草、大気、土との関係が大切です。

植物は欲しい時に（必要な時だけ）必要な量だけ養分を吸収します。過剰な量は必要ありません。結局、肥料は五割もガス化するから、肥料をやっても作物はすぐにいい結果を見せてくれません。すると、人間は追肥という形でどんどんつぎ込みます。化学肥料だと必然的に微生物がいなくなるので、ますます養分を貯蓄できなくなります。

バクテリアの体内窒素が隣の畑の二倍

バクテリアの体内窒素量を弘前大学の杉山修一教授が調べたところ、隣の肥料を施している畑と私の何も施していない畑では、私の畑はバクテリアの体内窒素が倍くらい多いという結果が出ました。またリンゴの葉の表面や土壌には、他の畑の何倍もの微生物がいるそうです。白神山地の原生林と私の畑の状態がよく似ているとも言われました。

結局このバクテリアの体内窒素があるため、常に必要な時期に窒素が供給されているのではと推察されます。バクテリアはどこかのタイミングで窒素を放出し、作物はそれをうまく吸えるように根を張り巡らし、さっと吸収し体内に取り入れているのです。

数多くの種類のバクテリアが存在するので、作物はこの使われていない養分をうまく利用できます。ところが、この微生物を殺してしまうと、さらに肥料を入れなければならなくなります。私たちはこの矛盾にそろそろ気づかなければなりません。

植物と微生物の働きによって、土中で無効な状態だったリンが有効なリン酸塩になって放出されている可能性が高いそうです。キク科の植物が土中の無効リンを有効に変える触媒の役目をしているのではという研究もあります。

ヨモギなどの雑草の根に集まる菌根菌たちの活躍がないと、リンをうまく利用（吸収）できません。単一でなく多種類の雑草、土壌に合った勝手に生えてくる雑草が意外に効率的、効果的に土壌を豊かにしているようなのです。

マツクイムシにワサビが有効かどうかを教えてくれ、と依頼があり、ある県の林業試験場へ行ったことがあります。時間があったので午前中、図書館で本を読んでいたら、これに類似していたことが書いてありました。研究者はもう亡くなったそうですが、もう一度検証の必要があるのではないか。こうした成果があったにもかかわらず、今では引き継がれることなく埋もれている研究が多いのかもしれません。

月や宇宙の研究もいいですが、農業の研究がおろそかになっているのではないでしょうか。学問が進化しているのなら、科学者は食糧生産の土壌であるこのミクロの世界にもっと目を向けてほしいと思います。

豆の力はいくらほめてもほめ過ぎることはありません。

大豆は農機具に踏まれても横の葉のところから出てきます。踏むとまた出てきます。横になった方が豆の着花度は高くなります。折れずにいくらでも這ってきます。だから自由に上を歩いてください。それほど豆は強いのです。

ある時、失業して農業をやりたいという茨城の人が私のところに訪ねて来ました。

その人にはこうアドバイスしました。「内緒で河原の土手に大根の種を蒔いてみてください。たぶんそこには自生のマメ科のカラスノエンドウがあるでしょう。見失わないように蒔いたところに目印をつけておいてください」と。

その後彼がやって来ました。一メートル近い大根が五本もとれたそうです。三本持って来ました。虫にも食われていないとてもうまい大根でした。肥沃な土と微生物が活性化していれば、こんなに収穫があるのです。化学肥料をあげない方がむしろ分解力があるのです。「無から有」の魅力です。肥料迷信を取り去ってみてください。

みなさんもケニアの人に教えた豆の植え方をやってみてください。二十〜三十センチ間隔に一個の大豆を植えます。軽く溝を掘り、どのタネでも指の第一関節より深く植えないこと。深く植えると弱いものができます。ネキリムシ、ヨトウムシの餌になります。

手でも足でもいいですから土をかけてください。自然が作る窒素はすばらしいです。このままだと鳩に食われるので、枯れ草をまぶします。そうすると鳩は来ません。注意点は黒豆でやらないこと。必ず大豆でやってください。

穴を掘って土の温度を測る

自然栽培で失敗しないようにするにはどうしたらいいのでしょうか。過去に肥料、農薬、除草剤、堆肥を使ってきた畑を自然栽培に切り替える場合、私はいつも言っています。

「穴を掘ってください。そして十センチ刻みに温度計で測ってください」

土の中には温度が低いところがあります。その場所に根がいくと、そこを避けようとして根は伸びていきません。

みなさんも夏の暑い時に冷たいのはいいけれど、冬の寒い時は嫌ですね。根も同じじゃないかと思いました。風呂も同じです。沸かし途中の風呂に入ると、ある層で冷やっとします。それが根が伸びていかないところなのです。

自然の山では、地表の温度と地下五十センチの温度はびっくりするほど差がありません。五十センチ下だとお日様のぬくもりがないから冷たいだろうと思われますが、実際はほとんど差がありません。

まず土の温度を測ります。最近はデジタルのいい温度計が出ています。時間はかかりますが、安い温度計でも構いません。

著者のリンゴ園の地中温度

ある日、弘前の外気温が一九度だった時、私の畑の五十センチ下は一八・四度、十センチ下は一九度で差は〇・六度しかありませんでした（写真）。

注目は二十センチと三十センチでの差です。私の畑はなんと〇・一度しか差がありませんでした。

普通の畑は二十〜三十センチのところに硬盤層があります。その冷えたところを破壊しなければいけません。壊すのは人の力では無理です。植物の根を利用します、その一つに私は麦を勧めています。

大麦は二メートル近く土の中に入ります。人が掘って壊す以上に麦の根は頑張ります。

ただし、麦は肥料食いです。麦だけで壊すと土が痩せてしまいます。そこで豆と一緒に入れます。麦を二、三条播種したら、豆を一条植える方法をとります。すると、土の硬盤層が破壊されて作物がよくできるようになります。土に温度の低いところがある場合、壊さないと何年やってもダメなのです。

私は、生活のためNTTの電柱を埋め込む作業など何でもやりましたから、自分の入る穴を掘るくらい簡単でした。五十センチの穴を掘って、十センチごとに温度を測ってみます。温度計を差してみると、ああここが低いなどとわかります。

穴のそばに小麦の種を蒔き、根が伸びるのを観察します。根はお日様の当たるところに向かっていくので、穴から根が見えます。その根が温度の低い層までいくと、今度は横に伸びていく。それでこの温度の低いところは草や野菜は嫌なのではと思いました。

そして今度は大麦を植えました。大麦はその層を壊していきます。なるほど植物の根を利用して壊せばいいのかとわかりました。

三年目に土の温度が上がりました。そこで野菜の種を蒔くと、いくらでも育ちました。これはみんなに教えなければと思いました。私のように失敗し苦労している人はみな、この硬盤層がネックになっています。だから私はまず穴を掘って温度を測ってくださいと、口を酸っぱくして言うのです。

畑の硬い層の下に養分

今どの畑を見てもこの硬い層があります。硬い層を壊さない限り、三十年、四十年、私のような栽培をやっても、良い結果は得られません。なぜ失敗するかというと、植物の根は硬盤層を通り越すことができないからです。だから横に伸びます。サブソイラーという機械を使ってこの硬い層を壊したところ、根が育ちました。

東北大学の山内文男名誉教授はこの硬盤層の下に豊富な栄養、養分があることを学識者として初めて発表しました。それまでだれもこのことを研究した人がいませんでした。硬盤層の下にはなぜか養分（ないと教えられている）が考えられないほどあることがわかりました。カリについては四千年分もあるそうです。これはまさに無尽蔵ということです。

まずは穴を掘ってみることです。土の層がどんな状態にあるのかを確認してみてください。

五十センチ穴を掘り、温度計を十センチごとに差します。すると温度が突然低くなる場所が見つかります。その低くなるところを壊します。人が壊すことはできません。というのはこの低い層が一定ではないからです。やはり植物の根に機械はかなわないのです。

熊本の畑で一〇度以上差があるところがありました。「木村さん、あんたを信じてやってきたけど、全くいい結果が得られない」。畑の持ち主からそういう電話をいただきました。「穴を掘ってみましたか」「いえ、まだです」「じゃ掘ってみなさい。温度を見なさい」。掘ってみて初めてわかるのです。「あれほどあんたに穴を掘って硬い層を壊しなさいと言ったでしょう。なぜそれをやらなかったんですか」。今度は彼は教えられた通りのことをやりました。今では土が彼に十分な野菜をプレゼントしてくれています。

昔はイネ科の仲間である麦とマメ科の落花生や大豆を必ず植え、次の野菜を植えたものです。今は肥料が主役となってしまい、麦を植えなくなったので、麦踏みもなくなりました。

私はどなたにも混植を勧めています。十メートル近く伸びたトマトに大豆四粒だけでいいのです。大豆はすごい働きをします。

もっとも、田んぼには大豆は必要ありません。大豆を田んぼに使うとかえって土がおかしくなります。田植えができなくなるほど土が柔らかくなります。今年減反して大豆を植えたところを来年田んぼにする場合は、特に細かくなりやすい土になっているので、大きな土の塊にして土の乾燥を促進することをお勧めします。

虫はどこへ行った

かつて無残な姿だったリンゴ畑を、女房がアジサイを植えて隠そうとしました。スーパーの買い物袋に飽きるほど虫を集めたものです。しかし、どこに行ったのか、虫たちがいなくなりました。一番初めにダニが消えました。あの猛威をふるったハマキムシもいません。二〇〇〇年を過ぎた頃から姿を消しました。シャクトリムシはたまに見る程度です。弘前大学が調査に来ますが、なぜかわかりません。これが自然界のバランスというものなのでしょうか。

今テントウムシの害で困っていると言ったら、みなさん「えっ」と思われるでしょう。益虫と言われるテントウムシは餌の害虫がいなくなったため、リンゴを餌にするのです。これではテントウムシも害虫です。リンゴに穴が開いています。何だと思って割ってみると、テントウムシです。自然界には益虫も害虫もないと思うべきでしょう。

本当に虫は少なくなりました。ただ温暖化のせいかシンクイムシが少し増えたので、半透明の袋をかけて防御しています。

現在の私のリンゴ園で、葉っぱに丸く穴が開いているのを見かけます。だれが見ても虫が食べた穴だと思うでしょう。ところが実は病気になった部分を葉が自ら落とし、病気が広がるのを防いでいるのです。一枚の葉っぱにこういうことが起きているのです。

こんな具合に丸く穴を開けて葉っぱを食べる虫はいません。それでおかしいなあと思って、穴のそばにできた斑点落葉病の病斑を見ていると、その部分がカラカラに乾燥していくのです。

まるで葉っぱがその部分を兵糧攻めにしているようでした。驚きました。そのうち病斑がポロリと落ちて穴が開きました。

さらに、穴が開いていくと、この少なくなった面積の分だけ、周りに小さい葉っぱが出て補っています。人間より賢いのではないかと思いました。この副梢には自然のプログラムが内包されています。知れば知るほど自然のすごさがわかります。

秋になったら草を刈る

うちの畑はいつも草ぼうぼうですが、放置しているわけではありません。夏場、暑いと男の人は床屋で髪を短くします。頭は涼しいですか暑いですか。どっちでしょう。直射日光を浴びると暑いでしょう。

だから私は夏場、草を刈りません。リンゴの木は暑くても動けません。もし私がリンゴの木だったらどうするか。自然の山は草をだれも刈りません。そう考えて伸ばし放題にしました。

でも、枝が折れんばかりに実っている十月のリンゴ園では、あれほど伸びた草を刈っています。なぜ刈るのでしょうか?

それは草を刈ることによってリンゴの木に秋を教えたいからです。草ぼうぼうの伸び放題だと土の温度はいつも同じです。するとリンゴの木は秋が来たことがわからなくなります。九月に入ると津軽地方は夜の温度と日中の温度で差が出てきます。その頃を見計らってリンゴの木に「秋が来たよ」と、草を刈って教えるのです。

リンゴの木はちょうど髪を短くしたように外気温をまともに受けるわけですから、「ああ、寒い（夜は寒い、日中は暑い）」と思っているのではないでしょうか。リンゴの木に聞いたわけではありませんが、きっとそうだと思ってやっています。

以前は草ぼうぼうのまま雪の降るまで放っておきました。しかしリンゴが一つも赤くならなくなったことがありました。ミカンは草ぼうぼうにしても色がつくのに、なぜリンゴだけは青いままなのかわかりません。リンゴは赤くならずに雪が降っても青いままです。なんでだろうと思いました。

何事も実験です。翌年、四カ所あった畑の草をそれぞれ半分ずつ刈りました。畑の半分は刈って、半分は刈らずに草ぼうぼうのままにしました。すると草を刈ったところだけリンゴの色がつきました。

自然というのは、ただ手を加えないでそのまま放っておけばいいというものではないようです。自然をうまく利用するのが人間ではないでしょうか。

私をいつも悩ませた斑点落葉病は、草を伸ばしたら増えなくなりました。土の温度が影響しています。斑点落葉病が好むのは高温、多湿です。菌の活動が弱まる九月に刈るのも理由があることでした。

今は温暖化によって九月十日頃でも残暑が厳しいです。通常は十五日頃に草刈りをしますが、今後は九月の末になるかもしれません。今年はそれでやってみようかなと思っています。そういった部分は人間が判断していかなければなりません。

適切な時期に草を刈り地温を下げてやらないと、リンゴは秋が来たことを感知できず、果実に色と甘みが乗りません。人間は考える葦と言われます。人間としての知恵も必要です。リンゴ畑に足音を聞かせることが大事なのです。常に観察し、固定観念をぬぐい去って、目と手を肥料や農薬の代わりに動かしましょう。

ダニを食べるダニと名無しの虫

さて、カエルはどこで鳴きますか。高いところ、木の上、それとも下ですか？　大抵のカエルは地面で鳴きます。ところが、私の畑では秋が近づくとカエルが枝に登っていって鳴きます。

最初びっくりしました。田植えの後、下の方でカエルの合唱があります。でも秋になってカエルの合唱が上から聞こえるとは思いもしませんでした。カエルたちは何を

リンゴの上に乗ったカエル

しているのでしょうか。蛾を狙っていたのです。
カエルは蛾が動くのをじっと我慢して待っています。カエルは見事につかまえました。しかし、自分が細い枝の上にいることを忘れ、落下しました。その後またリンゴの木によじ登っていきました。そういうカエルです。秋になると樹上にカエルがいっぱいになります。二センチあるかないかの小さいカエルで、かわいいです。
畑にはダニを食べてくれるダニがいます。大きさは五ミリ程度。このダニを食うダニがいるので、殺虫剤を散布する必要がありません。そのダニは殺虫剤にとても弱く、相当薄めても死ぬようです。

ダニがダニの卵を探し木の上を歩いています。実際、あまりに小さいのでよくわかりませんが、ダニを食べる前は半透明で、ダニを食べて赤くなります。

テントウムシはアブラムシを食べます。天敵と言われ、教科書にも載っています。ではテントウムシは一日にアブラムシを何匹食べるでしょう。

十四、五十四、百匹？　さすがに教科書の力です。だれもが多い数を言うでしょう。

ずっとリンゴがならなかった時期、私はやることがなくてじっと畑を見ていました。テントウムシはナナホシテントウと言われるくらいで、七匹くらいしか食べません。食べたら後はもう動きません。教科書をちょっと変える必要があるかもしれません。

新しい若い葉っぱにアブラムシがいっぱいやって来ました。すると必ずこの名無しの虫（次頁の写真）がいました。この虫を見たことありますか。名前はありません。百科事典にも載っていない名前の無い虫です。目もありません。この虫は益虫であるクサカゲロウの幼虫も食べます。

ちょっと考えられません。大学の先生もこの虫のことはわかりませんでした。見たことがないそうです。私はこの虫を「木村虫」とつけようとしましたが、近く答えが出てくるかもしれません。ナメクジのようにも見え、あまり気持ちがいい虫ではありませんが、私の畑で大活躍しています。

手にのせても害はありません。この虫はアブラムシがいる間、根こそぎ食べます。すごい働き手です。大きさは小さいものが一ミリから大きいもので八ミリくらい。アブラムシ

名無しの虫

で困っている方は一匹でも二匹でもご用命ください。いつでも出張させます。

畑では虫と虫がお互いに食い合う姿も見かけます。小さな虫が青虫に食らいつき、青虫も一方の虫を食べている。こういう姿が畑の中にあります。自然の中ではこうし

た営みが日常茶飯事です。

私の畑は、昆虫学者が見たら興味が尽きない光景になっていると思います。

トマトを横植えする

人間がちょっとお手伝いをしてやるだけで、作物は喜んで育っていきます。

全国的にブームを起こしているトマトの横植え方法を教えましょう。だれでもできる方法です。トマトの苗を地面に寝かせて植えます。すると茎に根が生えてきます。トマトの習性を利用し地下部を大きくすると、根が増えて元気によく育ちます。それで私は横植えを勧めています。トマトは十メートルぐらい伸びてきます。みなさんも何メートル伸びるか挑戦してみてください。

トマトのわきには根粒菌をつける大豆を植えます。カラスノエンドウでも結構です。トマトの脇に豆を植え、自然の窒素を利用してトマトを育てるのです。

もちろん肥料も何も使っていません。トマトってこれほど伸びるものかと私も驚きました。

百科事典で調べたところ、トマトの原産地はアンデス地方で、緯度が高くて、雨が少ない、乾燥地帯とある。トマトのもともとの環境を再現するには畝《うね》を高くしてやればいいのではと思いました。

最初は支柱を立てていましたが、突風のせいで支柱が倒れたようでした。トマトの苗は草の中に這った状態で転んでいました。七月の雨の多い日、多くのトマトが黒く腐る炭素病にかかっていましたが、この転がっているトマトには病気がありませんでした。そしてトマトを起こそうとしましたが、起きませんでした。茎全部に根が張っていたからです。最初から横に植えたらどうかと思い、横に植える方法を始めてみました。このやり方だと病気にならず、畝を高くすればするほど収量が上がります。

私は百姓の仕事を知らなかったから、かえってそれがいい結果を生んだと思います。頭をからっぽにすればいいのです。

自然の野菜の葉は淡い緑色

大根も、何も施さずに育てました。大根の畝間には大豆を植えました。淡く自然な葉の色と左右対称の美しいフォルムが特徴です。葉っぱは濃い緑になりません。淡い緑です。濃い緑の野菜があったら、これはちょっと危ないよと思うのが正解です。この葉っぱをさっと湯がくと信じられないように鮮やかな緑色になります。

茨城では五年かけて取った自根《じこん》キュウリを教えました。気温三七度の暑さの時、一般の肥料を使ったキュウリは枯れました。一方、六十センチ離れた何も施さなかった自根キュウリは元気な姿で収穫できました。このキュウリは霜が下りるまで栽培しました。懐かしい味のおいしいキュウリです。生産者はこの結果を見て、肥料、農薬、除草剤をすべてやめました。

肥料も何もやっていないから野菜ができないとか育たないというのは迷信です。自然栽培の小松菜も強い緑色にはならず、若草のような淡い色をしています。なぜ若葉色なのでしょうか。実は濃い緑なのに、葉っぱを守るための膜が厚くて淡色に見えるのです。小松菜を湯の中に入れると、膜がすぐ溶けます。すると初めてその本当の濃い緑色が出てきます。膜があって曇りガラスのように透して見るからきれいな黄緑色に見えたのです。

青虫のいないキャベツ畑

自然栽培のキャベツには青虫が全く見当たりません。私はキャベツ畑の下にマメ科のカラスノエンドウを植えました。「農薬を使わないから虫が来る」という考えは間違っています。虫がつく原因を栽培する人が作っているだけです。自然栽培のキャベツを作ったある生産者は、翌年も間違いなく成功すると、一町歩の面積をキャベツ畑にしました。

北海道中川郡幕別町にある折笠農場は七十町歩（約七十ヘクタール）もの広さがある有数の野菜農家です。大豆、小豆、黒豆、ジャガイモなどを自然栽培で作っています。二〇〇九年からジャガイモの自然栽培畑を二十五町歩に拡大しました。最初、私が手本を示しました。この時期発生するはずのアブラムシが一匹もいませんでした。見学者はみな驚いていました。

無肥料、無農薬のジャガイモは高い付加価値がつきます。こうした自然栽培の野菜は今品薄なので高く売られています。しかし、本当は最高の品質のものを適正価格で販売できるようにすべきではと思います。

社長の折笠秀勝さんは地元でも有名な篤農家で進取の精神に富み、私の考えに賛成してくれます。「自然農法というと、ややこしい精神論が出てくることが多いのです。でも、木村さんの場合は養分が足りなくなったらマメ科植物で補給するというように、土壌物質の収支もはっきりしています。これはだれでもできる農業だと思いました」と、熱心に取り組んでくれています。

息子さんの健《ますらお》さんも「まったく新しい技術」と戸惑いながら、「やってて気持ちがいい」と言います。近所の農家も「肥料撒いていないらしいな」などと、様子を見に来るそうです。

ある大雨の日、小豆《あずき》が真っ黒になるほどアブラムシが群がり、パニックになったことがあったそうです。ところが、雨があがった後、畑に行ってみると一匹のアブラムシも見つけられませんでした。アブラムシは小豆畑に雨宿りに来ていたのです。もちろん作物にはまったく被害はありませんでした。無気味な雨宿りでしたが、悪さをしなかったのは農薬も肥料も使っていなかったからです。自然栽培は大面積であっても作物を立派に生産できます。

折笠さんはジャガイモを植える前の年に、多種多様の雑草を植えました。わざと雑草の種を蒔きました。雑草がすごく頑張っていて思わず声をかけたくなりました。北海道ではこれまで緑肥として単一種類の雑草を蒔く指導もあったようですが、多種多様の雑草の種をばらまくようにしました。山には一種類だけということはなく、様々な雑草が生えています。山を参考に真似してみたのです。

折笠農場ではミニトマトのハウス栽培にも資本投資しました。水を遮断し土埃が舞うほど超乾燥にさせ、寝かせました。試験的試みながら、ものすごく甘いミニトマトがたくさん収穫できました。ジャガイモや小豆では喜ばなかった子どもたちがミニトマトを嬉々として摘みました。後継者問題の未来も明るいかもしれません。

自然栽培でとれたミニトマトはきれいに左右対称になります。せっかくだから一つひとつもぎ取るのではなく、ブドウのように房ごと切って売ろうということになりました。

トマトに肥料を入れると左右対称にはなりません。房ごと売る売り方は無肥料、無農薬であることの証明にもなります。健さんもきれいに対称をなすミニトマトの美しさと甘さに心からひかれたようです。

土がよくできれば虫が来なくなります。バランスのとれた土壌で、農薬を投与しなければ害虫は発生しません。

私は人が食べてはいけない有害物質を害虫が代わって食べてくれているのだと思っています。害虫がやって来る作物は肥料、農薬を使っている作物で、とりわけ未完熟堆肥を入れた作物に集まります。

植物の言葉はわからないけれど

作物は人間と同じじゃないかなと思うことがよくあります。トマトはトマト語で、キュウリはキュウリ語で話しているのかもしれません。

ただ私たち人間がその言葉を理解できないだけ。だから、私は葉っぱの色を見たり、その生育具合を見たり、虫がついたかどうか観察します。まるで子供のように扱います。すると作物は何か喜んでいるような気がします。

私は「農薬を使わないと虫が来て困る」とか、「無農薬なんかで、できるはずがない」とか様々なことを言われてきました。

では、山へ行って見てください。山にそれほど虫がいるでしょうか。山では肥料も農薬も除草剤も何も使っていません。にもかかわらず農地ほど虫はいないのです。

私は自然の山の姿を手本にしています。みんな独学です。というのは自然界には本に書いていないことがあまりに多いからです。

そしてどうにかリンゴが実ってくれました。きっとリンゴの方が私にあきれたのかもしれません。まだやめないの？　まだ続けるの？　と。そして、そろそろ一個でも実らせてやろうかということで、実らせてくれたのかもしれません。

私はリンゴの実らない期間があまりに長かったので、自然の野菜やお米を作ることができました。もしリンゴがすぐ実っていれば、野菜やお米はほとんど勉強しなかったかもしれません。リンゴの木はよく私のことを見てくれているなあと思います。

回転する大根

野菜というのは奇妙な行動をします。みなさん、お気づきかもしれませんが、大根は種を植え根が生えた後、収穫するまで毎日動いています。でも別に植えたところから出てきて動いているわけじゃありません。

その場で毎日少しずつ回転しているのです。もし嘘だと思うのでしたら、大根を植えている人は葉っぱに印をつけ横に棒を差してみてください。

根毛がねじれていることでもわかります。二本足大根の場合は真っ直ぐでなく、交差するようにねじれています。

私は印をつけてずっと観察していました。一日だとわかりませんが、二、三日してみると、大根が日の出から日没まで時計回りに回っているのがわかります。大根を抜くと跡が螺旋になっています。大根は真っ直ぐに刺さっているのではなく、ボルトのように回りながら土の中に入ってきています。だから、大根を抜く時には逆をやればよく、西から東へ回せばいいのです。すると大根をスムーズに引き抜けます。腰を痛めるほど頑張る必要はありません。

人参も同じです。タンポポも動いています。だから万遍なくお日様が当たります。根も葉っぱもついたまま全体が動いているのです。

キュウリのひげが巻きつきますか

野菜というのはいろいろな姿を見せてくれます。たとえばキュウリです。キュウリはみなさんの心を見抜くような行動をすることがあります。キュウリというのは何か私たちを見ているような感じがします。

試しに早朝キュウリの前に立ってみてください。ただし、これはみんなで一緒にやらず、一人でやってみてください。それはすごく感情を害することになるかもしれないからです。

キュウリには巻きひげがあります。巻きひげの前に指を一本出します。ひげにからまる人とからまらない人がいます。小さい五、六歳の子供たちがやると、全員指にからまります。ところが、大人の人がやると、からまらない人が出てきます。

まるでキュウリに、「この人はあまりに欲が深い人だ」とか、「この人はやさしい人だ」と判定されているかのようです。だから決して二人以上でやらず、一人でこっそりやってください。

前にこういうことがありました。ある人が何度やってもキュウリのヒゲがからまらないことに怒り出し、キュウリ全部を抜いてしまったのです。彼はキュウリの生産者でした。栽培面積が大きいため、植えるのは別の人で、彼は取り入れや市場に運ぶのが主な仕事でした。

ところが、奥さんがやるとからまりました。でも、本人がやるとからまらない。三回も四回も挑戦しても結果は同じでした。

今度はそのご主人がキュウリを植えました。すると自分で植えたキュウリだけ全部からまりました。まるでキュウリに目があるようです。栽培する人をキュウリはよく見ていたのです。

植物はものを言いませんが、人間が言葉をわからないだけで、キュウリやトマト、イネ、白菜、キャベツも、すべての植物はきっと話しかけているのではないかと思います。このことは見えない世界だから正しいかどうかわかりません。でも、キュウリだけは巻きつく巻きつかないがはっきり現れます。

キュウリは相手が自分をかわいがってくれる人なのか、お金のことだけ考えている人なのか、見分けている気がします。

みなさんもキュウリを一本植えてみてください。そしてだれもいない時、こっそり指を出してみてください。今までの自分の何かが反省できるかもしれません。

また、指にからまるキュウリは曲がった形にならず全部真っ直ぐになります。そして肥料を施すとからまりません。肥料を施すと何か性格が狂うようです。

キュウリの巻きひげはスプリングになっています。キュウリは揺れを嫌うので風に弱いです。キュウリを栽培する時は巻きひげがからまりやすいよう網を使います。

キュウリの先端のひげは柔らかくてシューッと出ています。網につかまるだけでなく揺れを軽減するショックアブソーバーの役目もしています。つかまるところがなければキュウリは地を這い、雑草にしっかりつかまっています。

人につかまるのかどうかはキュウリの勝手かもしれません。普通はやさしく触ると からまります。私の場合ちょっと離れていても瞬時にシュッと来ます。ぜひ試してく ださい。ひげがからまった人はその日一日楽しく過ごせます。

父親と一緒にやって来て「木村さんのような農業をやりたい」と言ったある若者 は、再び訪ねて来た時、表情が輝いていました。いい結果を得ていたこともあるよう でした。二回目は父親とではなく母親と来ました。よほどうれしかったのでしょう。 キュウリのひげが巻きついたと私に写真を持って来ました。「親父には巻きつかなか った」と笑いながら話してくれました。

作物すべてがキュウリと同じだと思います。花にやさしい言葉をかけるときれいな 花が咲き、長持ちするとよく言います。キュウリもイネも、やさしい言葉を待ってい るのではないでしょうか。決して罵声など浴びせないでください。

みなさんの指にキュウリの巻きひげがからまってくれることを祈っています。

死ぬまで探究

毎年、毎年、新しい課題が現れてきます。これでいいのだということはありません。

私の栽培は作物と環境をいかに同調させるかがカギです。だから単に草ぼうぼうのままでいいというわけではありません。時には草を刈り取り、おいしくなるよう作物に協力し、お手伝いをすることが大切です。

これまでは雑草で土の温度を抑えてきましたが、今後さらに温暖化が進行したらどのようにすべきか、草を刈り取る時期はいつ頃が適正なのか、これで正解ということはありません。

自然を観察する目がないと農業はうまくいきません。歌を忘れたカナリヤではありませんが、今の百姓は、観察を忘れた百姓です。農家の人がシャクトリムシを持ってきて叫んでいます。「これ何の虫ですか」。シャクトリムシを知らない。それでも百姓というわけです。

我が家の目の前で農協の有線放送の拡声器が朝からがなり立てています。決められた防除暦通り「○○農薬を○○散布しなさい」。ものすごいボリュームです。百姓は日記を見て去年と同じことを繰り返します。虫や病気がどう動こうが、畑がハマキムシの巣と化そうが、最近のお百姓さんは自分の考えではなく、指導に忠実に作業をしているだけです。

青森県にはリンゴ果樹課があり、リンゴ試験場もあります。畑作試験場、水稲（稲作）試験場もあって多くのデータを公開しています。

北海道のある農業試験場長と話していたら、「今の研究生は対症療法しか知らない。病気が出て何が原因で発生したのか調べる前に、すぐあの農薬、この農薬と答えを選び、使おうとする」と、嘆いていました。

自然栽培で減反は不要

日本では昭和二十年代、戦後の食糧難を背景に農業をはじめ第一次産業が重視されてきました。三十年代になると食糧難も落ち着いて工業の時代となり、四十年代に入ると流通の時代となりました。五十年代には「消費は美徳」という言葉が生まれました。六十年代から平成になって世の中が成熟してきた今は、これまでの反動から「こころ」が問われる時代になりました。

農業も大きな変化を遂げました。かつて精一杯畑に愛情を注いで育ててきた農業から、化学肥料や農薬の多投下が始まり、生産の追求と効率に血道を上げる農業に変わってしまいました。

農薬、肥料の力はすごいと思います。これほど日本の農業が発展してきたのも農薬や肥料のおかげかもしれません。でも私たちは農薬、肥料を使い過ぎ、頼り切ってしまいました。

米の収量は肥料、農薬、除草剤を使ったから増えました。これは間違いありませんが、これからはみな私のような自然栽培をやればちょうどいいのではないかと思います。反収七俵あれば十分です。減反などで三割は余っているのですから。それ以上取ろうとしなければだれにでもできる栽培です。腹八分と言いますが、七分で足ります。一反（十アール）当たり日本の農家が七俵生産すれば、減反政策は不要になります。農水省は頭を悩ませなくて済むのです。

「木村さん、なぜ自然農法としないで、自然栽培なんですか」とよく聞かれます。栽培という言葉を使う意味は、農業は抽象論ではなく経済行為だからです。生活ができないとせっかくの志も半ばでやめざるを得ません。だから農法論ではありません。百姓は作物を栽培して生活をしていかなければなりません。経済的にも成り立つやり方でないといけません。

私のような栽培を来年からすぐ始めるというと、それはやはり難しい。リンゴの場合は非常に時間がかかりました。田んぼは三年かかります。米の腐敗実験をガラスコップでやると、一年目は腐ります。前年度の肥料や除草剤の成分が残っているからです。二年目は腐るのと腐らないのが出てきます。三年目にようやく腐らないものになります。だから三年はかかります。しかしその間まったく無収穫ではありません。収穫は続き、だんだん良くなっていきます。ただし転換中の作物はお客さんに過渡期であるという理解をしていただくことが大事です。

リンゴは八年かかります。今までの知識を捨てる気持ちでやってほしいです。消費者のみなさんにもこの栽培を応援し育ててもらいたいと思います。

自然栽培には手間暇がかかります。でも自分の子供をほったらかして育てられますか。育てるというのは手間暇がかかることなのです。お父さん、お母さんの愛情が必要です。でもそれは当たり前です。「手間暇惜しむものにいいものなし」。昔からそう言われます。

慣行農業で使う農薬は一キロ五千円します。環境にやさしいと言われている農薬は一キロ八千円です。細胞内殺菌農薬だと百グラム五千円します。

「自然栽培で生活は十分できますか」という質問をよく受けます。

私は農家の人にこう言います。「あなたがたは一万円の売上に七千円の経費をかけています。肥料、農薬、機械に七千円もかけているのです。だから、あなたがたの給料は出ません。自然栽培は肥料、農薬を使いません。機械は丁寧に使っていけば長持ちします。半分の五千円の売上でも、経費を千円以下に抑えられます。どっちが得だと思いますか」と。


ここが大事です。株式の投資家には会社の利益より売上ばかり見ている人が多い。銀行が融資する時も売上ばかり見ます。でも純利益を見ないとだめです。私の農業は純利益です。これが本当に足腰の強い農家じゃないでしょうか。見た目の売上だけでなく経費でも足腰の強い農家を育成しなければなりません。

捨てるところが全くない

私の冷蔵庫に入っているリンゴは二月一杯で終わります。よその人から見たら形のいいものや大きいものはこの頃特に少なくなります。でも私のリンゴは捨てるところがありません。ジュースや酢になります。

酢はすごくいいです。無農薬米で米酢を作っている京都の飯尾醸造さんで、私のリンゴ酢が作られ、フランスに輸出、三ツ星レストランにも出荷されています。それは水を一滴も加えずリンゴの水分だけで、濾過するともったいないので濁ったままの状態で瓶詰めされ、「にごり林檎酢」と命名されました。自然栽培のリンゴは全く無駄がありません。

小さいリンゴはお菓子に使います。糖度が二十度以上もあります。その小さいリンゴは摘果を忘れたものです。でもこれだけを作れないかとやって来る変わったお客さんもいます。また、リンゴの種は抗がん剤の研究材料になっています。一キロ、リンゴの種をとるのは大変です。

捨てるものがない。こんないい仕事はありません。長い間収入がなかったので高い授業料でしたが、今考えてみると農業ってこれほど楽しいのかと思います。

だからといって大規模に広げようとすれば手が回りません。大規模農家でリンゴ園をやった人はみんな失敗しています。リンゴは手作業の割合が大きく、人件費など経費がものすごくかかるからです。昔から「リンゴは労多く益なし」と言われます。

枝葉や支流が大切

日本の経済を樹木になぞらえると、中央に幹（首都）があってそこから枝（地方）が伸びているという構造と考えるでしょうが、私は違うと思います。本当は小枝についている葉っぱ（町や村）が、デンプンをつくり、幹を支えているのです。

私の田舎の岩木川にも多くの支流があります。川は支流から集まってどんどん太くなっていきます。中国の大河、揚子江にしても、もとは名も知らぬ湧き水から始まり、滔々と流れて海が近くなれば巨大な川となります。

地方を活性化しようといってもなかなかうまくいかないのは、逆に考えているからだと思います。もっと木や川を参考にしたらいい。枝葉、支流から発想する経済構造ができれば、地方も潤い大都市も潤うでしょう。

山や田んぼ、畑が汚染されたら、いくら下流で浄化をしても海はきれいになりません。ガラスのコップに水を入れ、泥水をほんの一滴入れてもコップの中は濁るのと同じです。

みんなが肥料、農薬、除草剤を使わなければ、川も海もきっときれいになります。

近くに世界遺産の白神《しらかみ》山地があります。私は白神山地に棲む魚をずっと見てきました。白神の魚は背骨も真っ直ぐで健康体です。しかし、車で三十分も走ると田んぼや畑が広がっています。すると背骨の曲がった奇形がたくさん見つかります。

農家はもう少し考えるべきではないでしょうか。リンゴ生産のために使われる殺菌剤である石灰ボルドー液（硫酸銅と生石灰の混合液）は、有機栽培でも病害防除のために認定され、多量に使われています。石灰ボルドー液による重金属汚染の広がりが心配です。いまだ新聞記事にもなりませんが、取り返しがつかなくなる前に考えるべきです。

私は樹木を剪定する時、木の姿が葉っぱの葉脈と一緒になるように葉脈の形に合わせて剪定するようにしています。

木の剪定の形には人間の欲が反映します。リンゴの剪定は大抵「Y」字型と言って枝を下に向けて伸ばし、収穫しやすくしています。お茶の木もまさに人間が作業しやすいようにドーム型に刈ります。

ナシの葉を見ると葉脈が細いのがわかるでしょう。植物の葉脈の形は細いのも長いのも広いのもあります。不思議なことに植物の枝の伸ばし方も、地下部の根の張り方も葉脈の形に似ています。

葉脈の通り枝を切って伸ばす。リンゴの気持ちになって「どうしたらいいか」と考えると、葉っぱが答えを教えてくれます。それでリンゴは気持ち良く育っていきます。

川の流れのようにあちこちの雫が小川となって大河ができる。地方がなければ大都市はできません。人の流れを見ても地方から行った人がみんな集まって大都市ができました。自然の姿をもう一度経済や農業に応用したらどうでしょうか。

私の栽培法が農業の主流になっていくまでにはまだ時間がかかるでしょう。でもある程度普及したら中堅的な栽培法になっていくのではと期待しています。むしろ私が指導している韓国など海外から逆輸入される時代が来るのではないかと思っています。

私の職業は農業です。肥料、農薬、家畜糞尿も利用しない栽培です。私は三十数年続けてきた自然栽培に誇りを持っています。人間は食がなければ生命を維持できません。私は究極の食材を社会に届けることに誇りを持っています。農業者は食糧生産の裏で利用している生産資材によって、地球環境破壊を続けていることに気づくべきだと思います。

世界の農業に目を向ければ、肥料、農薬利用を前提に農業の作業体系が成り立っています。世界の中で日本は、肥料、農薬使用量が一番多い国でもあります。二番目に韓国、次に花卉《かき》栽培のオランダと続きます。

この地球は一人の所有物ではなく、数十億と言われる人間だけのものでもありません。目に見えないもの、虫、鳥、魚、草や木など、宇宙の星より多いかもしれないすべての共有財産です。数字で表せない生産力を持つ地球を次の世代に渡すためにも、自然栽培を農業者にお勧めします。この栽培は少し前まで低生産性と言われ、世界の食料飢餓の発生につながると批判されてきました。でも、私の実践では数多くのテストの結果、作物品種により違いはありますが、七〇〜八〇パーセントの生産量が可能です。

現在の汚れた地球環境を修正するには自然栽培の他にはないと考えます。栽培技術を各国の気温、降雨量などの環境に適したものに進化させる必要がありますが、今後の研究で克服できる課題だと思います。人間を永代に存続させるために世界が一つになって取り組むべきです。

自然栽培は特別難しいことをやっているわけではありません。だれでもできる栽培をみんなと一緒に取り組んでいきたいのです。私のような失敗を繰り返さないように、実践されることを夢見ています。

私は一番難しいリンゴをやりました。野菜やお米であればあまりみなさんの関心を引かなかったかもしれません。私のリンゴ栽培がここまで社会に認識されるとは、こんな時代が来るとは、思ってもみませんでした。脱サラをして百姓という仕事を始めて本当によかったと思います。やることなすことみんな初めてだったので、興味は尽きませんでした。

若い時には嫌だった農業、でも、自然栽培に取り組んで、失敗の連続であったけれどもその醍醐味を知ることができました。私も少しは社会のお役に立って生きていけるなと思った時、この世に生まれてよかったなと思いました。

家族みんなで儲けなくていい、その日暮らしでもいいから、農薬のために頬かむりせず畑に笑顔と笑い声があればと、ただそれだけでここまで来ました。

奇跡は努力の結晶だと言います。簡単にできたら苦労はありません。一つずつ壁を越えて階段を上っていくごとに、また新たな壁が生まれます。どうしたら壁をクリアできるのか。知恵を振り絞っていくところに人生の意義があります。

苦しい極限の極貧生活の中でも楽しいと思う瞬間がありました。期せずして波乱万丈の人生となりましたが、「それも楽しいよ」と若い人たちに言いたいです。

貧乏にもぶれることがなかった木村さん

日本経済新聞社編集委員　工藤憲雄

一九九一年秋の台風十九号で津軽のリンゴ園は壊滅的な打撃を受けた。その取材で地元の旧知の先輩記者から木村秋則さんを紹介された。

リンゴ経済の津軽は落下リンゴが死屍累々の有様で、出稼ぎで町から家族の温もりが消えていた。四十歳を少し過ぎたばかりの木村さんは歯も無くふけ顔で、苦労されているなあという感じだったが、百姓としての自信と誇りに満ちあふれていた。

木村さんによれば私と出会った頃は、「やっとリンゴで飯が食える」と暮らしのめどが立ち始めた頃だったそうだ。リンゴの無肥料、無農薬栽培を始めて十四年の歳月が流れていた。無収穫のため無収入の時代があまりに長かった。しかし極貧生活の苦労も感じさせずに、その頃から全国あちこちで自然栽培の米や野菜の指導や講演で大忙しであった。仁木町のリンゴ裁判にも顔を出している。自分のことより人を気遣うすごい人がいたものだと思った。根っからの明るさと津軽でいうじょっぱり（強情さ）で、「農薬で作るリンゴの常識」を覆した。

日本海側を北上した強烈な台風十九号でも木村さんのリンゴ園の被害は少なかった。隣の畑は倒木の山。一度、木が転べば四、五年は泣く。根っこが切れ、回復するまで八年もかかる。木村さんの畑はリンゴもほとんど落下せず、災害に強いことがわかった。

農薬や化学肥料を使ったものは蔓自体が硬直的で風に弱い。木村さんのリンゴの蔓は柔軟性があり、しなやかで落下しにくい。ちょっとぐらいの風にはびくともしない。一本の木から新しい根が縦横無尽に走り、細い根毛が養分を吸い上げ、木をがっちり支えているのだ。

九二年二月、日本経済新聞文化欄のよみものに「自然が育てた夢のリンゴ」を寄稿してもらった。木村さんはその掲載紙を中学校の恩師の元へ届けた。地元における木村さんの評判はまだ異端そのもので、正当な評価は受けていなかった。リンゴが実り出してまだ四、五年目で、担任の先生も「悪いうわさばかり聞いていた」という。恩師がその記事を読んで心から喜び、苦労を慰め、励ましたのは言うまでもない。

九四年には無農薬、無肥料、無除草という徹底した生態系農業で米作りに挑む木村さんを取材のため再訪し、一緒に田植えの感動を農家の人たちと味わわせてもらった。

筆まめの木村さんは、高校時代に筆耕部の部長もしており、ガリ版で鍛えた特徴のある字でよく手紙やファクシミリを送ってきた。時にはそのあと、畑で収穫した野菜も届くことがあった。何度も感動をいただいたが、九五年の八月三十日に送られてきた長文のファクシミリには、木村さんの思いが凝縮され印象深い。木村さんの農業や食の安全に対する思いが、これまで少しもぶれることなく続いているのがわかる。いつも変わらぬ純粋で熱い気持ちがストレートに伝わってくるもので、私が時々読み返すものだ。木村さんにお断りしたうえで、ここに掲載させていただく。

ＦＡＸありがとうございます。

今日は久々の晴れで岩木山頂もその雄姿をみせてくれました。それほど雨の多い八月で関東に宅配したい程でした。また気温もだいぶ涼しく正直なところ朝晩は寒いほどで九月半ば過ぎの様です。

リンゴの果実の肥大も進み早生種《わせ》のつがるの着色作業もあちこちで見られいよいよ津軽は秋本番です。雨が多いためにリンゴの病気の発生もどの園地でも見られるのですが、悪天候のため農薬散布ができず今日の晴れにはスピードスプレーヤーのファンの音がまるで合唱の様でした。明日も晴れの予報ですから周辺は又農薬散布の一日になるでしょう。

一方、水田も豊作が予想されてか、どうか知りませんが、どこを見ても人の姿は見えません。稔ったから行かなくてもよい、という感じで勝手な人間像が見えて悲しい限りです。

米を稔らせているのは稲だということを忘れかけて人が米をつくっていると考えているのでしょう。私の稲は今年も頑張り、刈り取り前には本当の黄金色を見せてくれる事でしょう。

工藤さんは気付かれておられることと察しますが、一般栽培の水田や家畜糞尿を使用したりした水田は黄金色も灰色に濁っているのです。又リンゴの方も一部雨天続きで病気の発生を見ましたが、順調です。不思議です。何も栄養を施さないのに樹勢は極めて良く、隣接農園とほとんど見劣りしないほどに回復しています。道程は少々長かったのですが、窒素、リン酸、カリ等の要素を使用しないと弱って生育が止まるという常識は一体何だろうか。農薬なしには病虫害の駆除は相当難しい、不可能に近いという常識は何だろうか。私は十七年、この栽培に取り組み、失敗の繰り返しを経て、この事にすごく疑問を持ちます。害虫は一年に一つずつ姿を消していき、今はその姿すら見ることは出来ません。当然その害虫による被害が全くないという事にもなります。私自身若いころは効率を求める男の一人でした。この栽培に取り組み、この言葉が私から消えました。そしてできる限り数字は言わないようにしています。それは農業は数字で表現できないからです。農業以外においては特に工業品については数字を徹底して使用しますが。

人間この体に米一粒、リンゴ一個実らす事もできないからです。私は稲やリンゴの樹のお世話人に過ぎないからです。

津軽では七月に田植えした稲は実が取れないという諺があります。私の一枚の水田は七月四日に田植えしました。周囲の人達、笑っていましたが、今だれ一人ありません。それはきちんと分けつをし、出穂してきたからです。

今こんな話が耳に入っています。それは「木村はきっと何か入れているんだ」とか「種モミ違うんだ」とか「肥料入れないであんな稲はできない」とか様々です。私は前年のワラ以外まったく何もしていません。リンゴの時から世間の勝手な話は耳にタコができるほど聞いてきましたから別に気にしません。

一般栽培と違うところは春田の耕起↓代掻き↓水管理の三点だけです。でもこの方法を得るのに三〜四年費やしましたけれども。

八月八日、長野から訪れた方がとても信じられないと稲を一株掘ってその根の大きさに驚いて帰っていきました。肥料、堆肥を施している稲の根の倍以上あるのです。

リンゴも米と同じで「何か入れているんだ」「何回か薬散布しているのでは」とか、勝手な話が聞こえてきます。農協等は特に嫌がります。この心、私には理解できません。日本のリンゴ生産百万トンのうち、私の生産量は数字として出てこない程小さいものです。それなのに何故ののしるのでしょう。

兵庫県在住の歌人の方が、だいぶ前に私を詠んで下さいました。

かまどけし　呼ばれても　明日の農業　道開く

ここだけ記憶にあります。弱い子犬はよく吠えますが、強い犬は吠えません。他人がどんなことを言っても私は強い犬ですから。へへへ…。ガリレオの唱えた「地動説」も誰にも認められませんでした。現在の姿と、このときの姿と似ていませんか。人間、正悪の原点を失っているため利権という欲より心になくなってしまっているのです。そのためマネーゲームを世界中がしているのです。

自分の父が大分疲れてきたためか気づいたことがあります。昔、今ほど高齢でありませんでしたが、老人ボケは珍しかったと思います。今の栄養学とか医学ほど進んでおらず、食事も今ほどではなかったと思います。何故？　原因は全て「食」ではないでしょうか。昔は肥料も農薬も限られていたために、その使用も少なく自然食とは言えませんが、今よりは近かったからではないでしょうか。

又、昔の食品添加物は発がん性が高いということで今は姿を消したのもありますが、今ほどその規制は厳しくないために、その使用は多かったと思われますが、がんの発生は少なかったのではないでしょうか。現在、がんにかからず運良く生きて今度はボケです。今後益々進行する高齢化構造です。これらは避けて通れない道でもあります。いろんな分野で研究されていますが「食」によりある程度解決出来るのではないでしょうか。自然の産物はクスリです。それもニガクないクスリなのです。それは体だけでなく心もです。ここで初めて健体＋康心が一体化され健康という言葉が生じ

るのです。（このことをこの前の海外の人達の前で話しました）

学校の先生がこんなことを話していました。今の生徒は注意できないと。注意すると私のどこに間違いがありますか、私は間違いは少しもありません、と言い返してくるそうです。又スーパーには年中野菜や果物があります。その為四季を感じません。その為に一本のトマトに年中、実をつけていると考えている生徒が多いのにビックリしたそうです。

経済大国日本のこれからを背負う若者の一面です。「食」は人の心も変えうる魔物でもあります。ですから馬鹿、おひとよしなどと呼ばれても続けている訳です。すぐ効果は見えず何十年も費やすかも知れません。ガリレオの説、理解されるまで何百年もかかりましたから、この事もそうかも知れません。

大変長くなりまして申し訳ありません。私、山崎光雄会長（元西武百貨店会長＝木村さんの夢の後見人）とお会いしてから特に家を留守にする様になりました。正直な処、リンゴや稲が気になります。旅先で忘れかけたことは一度もありません。特に今年から父は作業はさせていないために、妻と二人での作業です。その為に世間より少しは遅れてきましたが、今のところ順調です。何故多くなりましたかと申しますと、山崎会長から法人化せよと言われ「木村興農社」と命名下さいました。この実行に向かっての下準備のつもりです。全国に私を理解下さるお客様がより多く増加される事を夢見ています。それまでに技術を確立させ、今度は面積を拡大していくつもりでいます。

農地はできる限り投資を抑えるために借りていこうと思っています。当面はリンゴ畑は現状で水田は十ヘクタール位からスタートしようと思っています。水田は機械化が可能ですから又それに伴う人員もどれ位か、暇を見て計画を練っています。私の周囲にこだわらず二〜三時間の通勤も仕方ないと考えています。今年の米の動向を見て具体化させ、山崎会長に相談します。NTTにもFAXに印字されます発信元名称を変えてもらう様にお願いしました。説明書を見てもわかりませんね。何故、今年米の動きを見るかと言いますと、米づくりに見切りをつける農家が相当出るのではという憶測からです。リンゴも輸入自由化、消費者のリンゴ離れ、リンゴを取り巻く状況は厳しく、米と同様の農家がかなり多いのですが、リンゴは樹がこの栽培に馴れるまでに年月を要しますから稲同様に簡単にいきませんので、少しずつより出来ません。そのためまず水田からと予定しています。私百姓のプロに徹します。明日からつがるの着色手入れに入ります。まことにありがとう御座います。「至誠至天」この道真っ直ぐに進みます。これからもよろしくお願い致します。

青森県　木村秋則

時刻はAM2：05とあった。発送作業を終えて疲れた体ながら夢と希望を語り、その情熱はやむことはない。

もう一つ、九七年一月二日付の手紙を紹介したい。経済的にもぎりぎりの生活の中で体を張って夫婦だけでこの農業を続けているのがよくわかる。

こちらは「頑張れ」と言うしか何も出来なかったのだが。

新年おめでとう御座います。

年末二十九日〜今日午前中まで穏やかな日が続き、積もった雪もだいぶ消えアスファルトも顔を出しています。私の方は三十一日まで発送作業でクロネコ等の宅配が今年は年末年始休まずの営業のため、昨日、今日も少しの荷造り作業でした。本格的には四日からと予定しています。

平成八年は私にとっては大ハプニングの年でした。丈夫で長持ちの妻が過労で吐血し倒れた事です。二人で毎日夜中の二時ころまでの作業が十月上旬から続いてきた結果で、その前日、私が倒れ、その翌日妻もと、お互い年を感じました。今は調子良好です。妻は六日から無理にドック入りさせます。夫婦は、特に私の場合、私がこんな男なもので、妻には苦労のかけっぱなしできたために夫として落第ですね。すごく反省しています。ハイ。今年初めてパート四人をお願いしました。家内工業では対応できなくなってきたことも事実です。

私には夢があります。日本の「農」を変えることです。「農」を変えると話せば反発が大きいから、まず「食」を変えようという表現で、今年から活動を始めます。農業は全ての学問の集合体と考えています。又全ての産業の基本でもあります。しかし、日本をはじめ世界に共通する事かもしれませんが、今の全ての産業はエネルギーの使い過ぎです。丁度、流れに逆らって産卵に向かうサケの様です。（後略）

「木村興農社」は法人化して木村さんの農業を家内工業から脱皮させようというものだったが、やがてそれは木村さんの肥料も農薬も除草剤も使わない自然栽培を世界に普及させるための「学校」（仮称・伝習館）づくりへと夢が広がっている。耕作放棄地が増え続け、農業の荒廃が続いているが、若い人たちが参入できる楽しくて希望の持てる農業があるとすれば、その一つは木村さんの自然栽培ではないだろうか。一日も早く木村さんの高度な技術や栽培の心を正しく伝承できるお弟子さんが、日本だけでなく世界の田畑に広がっていく日を待ち望む一人でもある。

木村さんはNHKの「プロフェッショナル」という番組で知り合った脳科学者の茂木健一郎さんとはとても波長が合う。対談をすると漫才になってしまうというが、お互い自分のフィールドで究めた豊かな土壌が響き合うのだ。木村さんが突然こう言った。「茂木さんが脳科学者なら私は農家学者ですな。アハハ。同じ読み方だ」。自然を観察する能力は学者も及ばないところがある。「木村ワールド」はその情熱でさらに進化していくと思う。

木村秋則略歴

1949年　（11月8日）中津軽郡岩木町に生まれる。

1968年　青森県立弘前実業高校商業科卒業（高2で工業簿記1級取得）。3月23日上京、トキコ㈱入社、原価管理課勤務。初めてIBMパソコンと対面、当時は数字とカタカナだけ。将来、この機械に人間が使われる時代が来ると思った。

1969年　トキコを家事都合で退職。9月25日　上野駅まで原価管理課の人たちが見送りに来てくれたことは今でも忘れない。帰省翌日から稲刈り。

1971年　岩木町農協組合長、専務の依頼で農協金融業務の手伝いをする。当時、農協への信頼度は低く、一人で収穫期に畑や田んぼを訪問し、12月末貯金残高を4億円伸ばし8億円にした。

1972年　9月17日、美千子と結婚。三上から木村家に養子入り、家業のリンゴ栽培を始める。冬期間作業なく出稼ぎ（北海道・近畿・中京地区）。

1978年　4月、88アールを無農薬、無化学肥料栽培開始。わら、バーク堆肥を利用。見事に失敗。斑点落葉病で8月末に95％以上、早期落葉。9月に畑全体に1年に2度の花が咲いた。

1979年　4月、88アールの畑は1個の花も咲かない。諦めて120アールの別の畑で実施したが、同じ姿でまたも失敗。88アールの畑と両方で酢、焼酎、塩、ニンニク、小麦粉など利用するものは同じだが、希釈倍率を違えて散布した。

1980年　4月、さらに50アールと20アールの残りの場所で試験開始。結果は同様失敗。

1985年　堆肥をやめて大豆を畑全体にばらまき、根粒菌利用を始める。親戚、町会、畑周辺の苦情、罵声ひどくなり、7月31日夜、死を覚悟で岩木山に登る。

1986年　大豆の働きに家族全員が驚く。病害虫被害はひどいが、15〜20％の葉が10月まで残り、来年の期待がもてた。

1987年　大豆、草生え続ける。リンゴの樹勢はどんどん良くなっていく。すべての畑の中で88アールの場所にある1本のフジが7個の花を咲かせた。5個はハマキムシに食われたが、2個を秋に収穫。ゴルフボールより少し小さ目だったが、かけがえのない2個だった。

1988年　88アールの畑全体が満開。開始11年目。全畑実施後9年目だった。

1991年　120アールは60％、残り2場所は30〜40％開花した。
　　　　台風19号で津軽のリンゴ農園は壊滅的打撃を受ける。

1992年　日本経済新聞文化欄のよみもの「自然が育てた夢のりんご」が掲載され、うれしくて中学校の恩師に持っていくと、担任は良くない話を聞いていたのですごく喜んでくれた。高校の担任は県外へ移り不在だった。

1994年　日本経済新聞夕刊「日本の40代」に無農薬の米栽培で登場。

2007年　NHK「プロフェッショナル　仕事の流儀」に登場。

2008年　木村の無農薬リンゴをとりあげたノンフィクション『奇跡のリンゴ』（幻冬舎）が出版され、ベストセラーに。

2013年　『奇跡のリンゴ』映画化。

本書は二〇〇九年五月に日本経済新聞出版社から刊行された同名書を加筆し、文庫化したものです。

日経ビジネス人文庫

リンゴが教《おし》えてくれたこと

2013年6月3日　第1刷発行

著者
木村秋則
きむら・あきのり

発行者
斎田久夫

発行所
日本経済新聞出版社
東京都千代田区大手町1-3-7 〒100-8066
電話(03)3270-0251(代)　http://www.nikkeibook.com/

ブックデザイン
鈴木成一デザイン室

印刷・製本
凸版印刷

Printed in Japan　ISBN978-4-532-19689-9

nbb 好評既刊

ビジネスチャンスに気づく人の57の法則

阪本啓一

見慣れた日常にも商売繁盛のネタが隠れている。ビジネスチャンスを見つける力、ビジネスに役立つ発想力が身につきます。

仕事がもっとうまくいく！ 敬語のキホン

作田奈苗

このルールさえ覚えれば、敬語は難しくない――。様々な状況に対応できるよう〝敬語の基本的な仕組み〟をやさしく説明します。

日経WOMAN 元気のバイブル

佐藤綾子

「元気パワーは『七難隠す』」「誰のための人生なの？」――働く女性に贈る、ハッピーをつかむヒント。日経WOMAN連載を文庫化。

佐藤可士和の超整理術

佐藤可士和

各界から注目され続けるクリエイターが、アイデアの源を公開。現状を打開して、答えを見つけるための整理法、教えます！

東京タワー50年

鮫島 敦

前田久吉の巨大電波塔計画、世紀の大工事――。50周年を迎える東京タワーの裏方たちの物語を開業当初からの写真とともに伝える。

好評既刊

太陽活動と景気
嶋中雄二
自然科学と社会科学の統合に挑戦した意欲作を、ついに文庫化。太陽活動が景気循環に大きな影響を与えていることを実証する。

ジム・ロジャーズが語る商品の時代
ジム・ロジャーズ
林 康史・望月 衛＝訳
商品の時代は続く！ 最も注目される国際投資家が語る「これから10年の投資戦略」。BRICsを加えた新しい市場の読み方がわかる。

なぜ、「あれ」が思い出せなくなるのか
ダニエル・L・シャクター
春日井晶子＝訳
人間はどうして物忘れや勘違いをするのか。記憶に関する研究の第一人者が、その不思議な現象をやさしく解説する。

フランス女性は太らない
ミレイユ・ジュリアーノ
羽田詩津子＝訳
過激なダイエットや運動をせず、好きなものを食べて楽しむフランス女性が太らない秘密を大公開。世界300万部のベストセラー、待望の文庫化。

名著で学ぶインテリジェンス
情報史研究会＝編
グローバル化する経済社会において欠かせないキーワード「インテリジェンス」。名著から読み解く日本初のインテリジェンス・ガイド。

nbb 好評既刊

ゴルファーは開眼、閉眼、また開眼

鈴木康之

コピーライターで、ゴルフ研究家としても知られる著者が、もっと上質なプレーヤーになるために役立つ賢者の名言を紹介。

江戸商人の経営《ビジネス》戦略

鈴木浩三

「日本的経営」のルーツがここにある！ M&A、CSR、業界団体の存在――従来の「あきんど」像を打ち破る、熾烈な競争を明らかに。

なぜ、この人たちは金持ちになったのか

トマス・J・スタンリー
広瀬順弘＝訳

純資産100万ドル以上の億万長者への面接調査でわかった「成功の秘訣」。彼らに共通する「ミリオネア・マインド」とは？

ビジネス版 これが英語で言えますか

デイビッド・セイン

「減収減益」「翌月払い」「著作権侵害」など、言えそうで言えない英語表現やビジネスでよく使われる慣用句をイラスト入りで紹介。

中学英語で通じるビジネス英会話

デイビッド・セイン

文法や難しい言葉は会話の妨げになるだけ。上級の表現が中学1000単語レベルで簡単に言い換えられる。とっさに使える即戦スキル。

nbb 好評既刊

中学受験で子供と遊ぼう［増補版］
高橋秀樹・牧嶋博子

お笑い放送作家が長男の中学受験を決意！　これが奥深いのに驚愕。塾選びから受験当日まで、家族の絆も強まった泣き笑いの日々。

精神科医がすすめる〝こころ〟に効く映画
高橋祥友

精神科医が映画を薬に見立てて、現代人の〝こころ〟の状態を診る！　ふと不安を感じた時に効く作品を紹介します。

孫正義 インターネット財閥経営
滝田誠一郎

「異端の経営者」と呼ばれた男は、今や連結売上高3兆円に届く巨大グループを育て上げた。孫正義ソフトバンク社長の半生記。

だまし食材天国
武井義雄

（ウミヘビ科の）アナゴ、浜名湖直送（ヨーロッパ）ウナギ――。（ ）がなくても違法になりません。だまされずに賢く生きる知識、教えます。

売り上げがドカンとあがるキャッチコピーの作り方
竹内謙礼

売れるコピーはセンスではない！　ネット通販で1億円以上売る著者が、そのノウハウを教えます。売れるキャッチコピー語彙辞典付き。

nbb 好評既刊

ギスギスした職場はなぜ変わらないのか

手塚利男

結果を出す職場のチームづくりの秘訣を「7つのフレームワーク」と「32のすごい仕掛け」で具体的に解説。社内の人間関係が変わる！

封印された三蔵法師の謎

テレビ東京＝編

およそ1400年前、過酷な3万キロの旅を成し遂げた玄奘三蔵。そこで彼は何を見、知ってしまったのか。知られざる実像に迫る。

戦士の逸品

テレビ東京報道局＝編

万年筆や手帳、ダルマにタペストリーなど、日本を代表するビジネス戦士たちの苦しい時代を支え続けた品々への思いを紹介します。

日経スペシャル
ガイアの夜明け
闘う100人

テレビ東京報道局＝編

企業の命運を握る経営者、新ビジネスに賭ける起業家、再建に挑む人。人気番組「ガイアの夜明け」に登場した100人の名場面が一冊に。

日経スペシャル
ガイアの夜明け
終わりなき挑戦

テレビ東京報道局＝編

茶飲料のガリバーに挑む、焼酎でブームを創る――。「ガイアの夜明け」で反響の大きかった挑戦のドラマに見る明日を生きるヒント。